U0035858

人脈就是你的競爭力

原書名：老鳥不教菜鳥不會的職場人際學

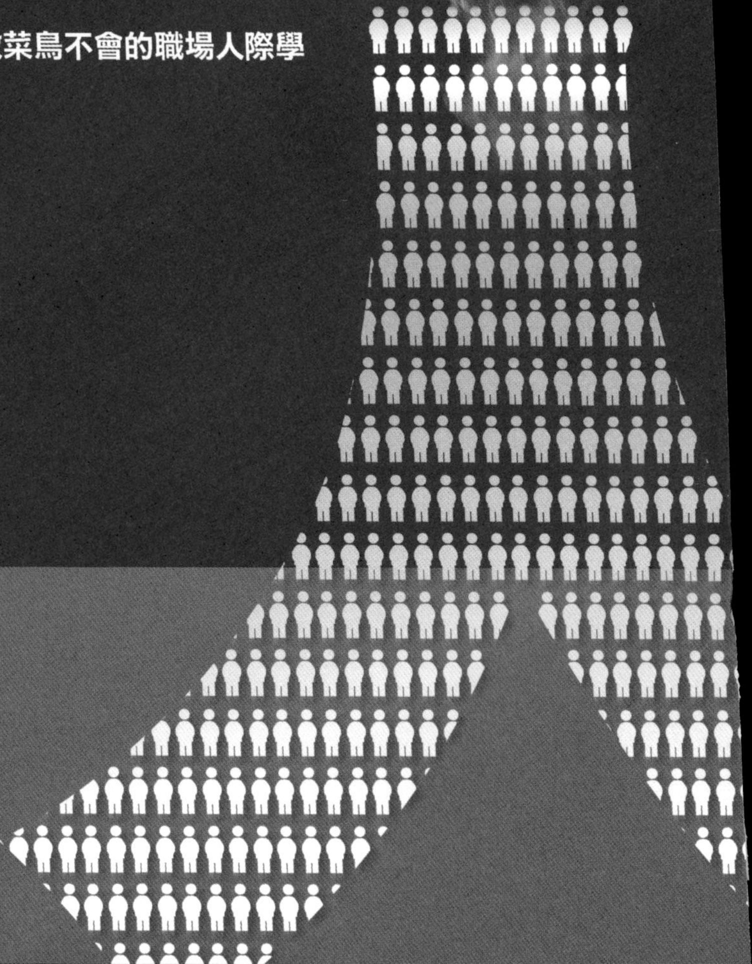

石向前◎著

關於本書

人脈，是現代人成功與創富的重要課題。清代紅頂商人胡雪巖的崛起與衰落，與他的人脈走勢密切相關。全球的富豪排行榜，哪一個沒有強有力的人脈？本書教你打造強有力的人脈，在辦公室如魚得水，化敵為友。

本書並且精細剖析了十二種不同的職場問題人物，讓你很快知道如何與那些難纏人物成功相處，並贏得他們的尊敬與合作。

這是一本實用的工具書，快速簡易的指南，讓你立刻成為受歡迎的人氣王。

第一章　社交超人氣的基本禮儀

CONTENTS

第二章　辦公室裡的人脈解析

第三章　職場超人氣禮儀

CONTENTS

CONTENTS

CONTENTS

第一章

社交超人氣的基本禮儀

‧健康正確的社交心態

健康的社交心態是熱情、開朗、豁達。這不僅有益自身健康，也是社交活動的重要條件。與人社交時，你如果冷若冰霜、錙銖必較，那麼不但達不到預期的社交目的，反使自己得罪人；如果你以熱情、開朗的面目出現在大家面前，情況就不同了，你會很輕鬆地吸引對方，使對方覺得你容易來往，你自己也會因此變得輕鬆愉快，沒有了精神壓力，這樣既達到了目的，又融洽了雙方的感情，自身也樂在其中。所謂豁達就是寬容，例如，別人有意或無意地干擾了你，你能表現出豁達大度，犧牲自己的一點利益，為別人提供一點方便。

其次，要開放自己，接受他人。開放自己是成功社交的必要條件，因為只有你向別人開放自己，別人才會向你開放；當你對別人真誠，他們也自然會回報你以真誠。只有敞開自己，熱情歡迎別人走進你的世界，才能縮短彼此的距離。

再者，還要自我尊重和尊重他人。如果自己不尊重自己，比如言而無信、行為不檢、言行粗俗等等，別人也不會看重你了。

問卷調查顯示，人們喜歡與有見解、遇事果斷、應變能力強的人來往；而那些固執己見、剛愎自用、聽不進別人忠告的人則讓人疏遠。所謂尊重他人，就是在平等的基礎上進行交際，不凌駕於他人之上，不專橫壓制。如果你不尊重他人，自然也不會得到他人的尊重。

另外，要有幽默感。幽默是種潤滑劑，可以使人際關係變得和諧、富有人情味，讓人們在輕鬆愉快的氣氛中進行社交。假如你很有幽默感，你的言談舉止就能夠吸引別人。應當注意的是，幽默要適度、得體，太過份就會給人油嘴滑舌的反感。

・互相吸引的要素

人與人之所以互相吸引，有以下幾個要素：

1、**美感**：人的美就如自然美、藝術美一樣，具有不可抗拒的吸引力。這是因為人的美能給他人心理上的愉悅感受，使人感到賞心悅目，人們也就願意與其接近了。當然，這裡所指的「美」包含外在美與內在美兩方面。最初吸引人的往往是外表的美，隨著雙方接觸頻繁，內在美便超過外表美，產生經久不衰的吸引力。

2、**新奇感**：凡是新奇的東西就能吸引人。不過，這裡的「新奇」是指新觀念、新思想、廣博的知識，這些能使人感到興奮，感到與這樣的人來往可以使自己變得更充實——知識上充實、精神上充實、生活上充實。

3、**相似感**：相似感往往來自彼此某一方面的認同感，因為相似，才有共同的語言；因為相似，才會產生彼此來往的欲望。相似感使人們更容易迅速親近、交流，也更容易成為坦誠的朋友。

一般來說，在人際關係中最不受大家歡迎的來往模式，大致可分為以下幾種：

1、**隔層紗型**：這樣的人封閉自己的內心，對人外熱內冷，處處提防，與別人相處，常常只是圓滑地應付，心口不一，彷彿披上一層紗。

2、**勢利型**：這種人對於自己有用者則來往，反之便疏遠；而其來往之熱情，與有利於己的程度成正比。這種人在無求於他人時十分冷淡，有求於他人時，則不惜討好巴結，「勢利」的嘴臉受人討厭是理所當然的。

3、**變色型**：見什麼人說什麼話，投其所好，八面玲瓏，雖可一時使人對他產生好感，但時間一長，人們就會對他不屑一顧。因為當別人發現他從不說真話，自然不會喜歡與其來往了。

4、**哈哈型**：凡事不講原則，當他們與人意見不一時，就採取打哈哈的迴避態度，故被稱為「哈哈型」。為求明哲保身，東風來，隨東風倒，西風來，隨西風倒，什麼良心、原則全都不放在心上。

・基本觀人術

人與人來往，也講「知己知彼，百戰百勝」，以下即為基本觀人術：

1、**活潑天真型**：這種人思想活潑，興趣廣泛，說話無拘束，但容易受別人的影響和支配。

2、**機敏瀟灑型**：這種人反應敏捷，言辭得體，善於和不同種類型的人周旋。

3、**儒雅博學型**：這種人態度嚴謹認真，與人交談從容不迫。

4、**豪爽豁達型**：這種人心直口快，但講話不講究藝術和效果。

5、**溫和穩重型**：這種人處世謹慎，言辭委婉。

6、**輕佻自誇型**：這種人舉止輕浮，好表現自己，自誇自大，交談中喜歡打斷別人的話。

7、**虛偽矯飾型**：這種人巧於心計，熱情有餘而真誠不足。

8、**刻薄勢利型**：這種人見風轉舵，喜歡在背後議論別人。

9、**古怪孤僻型**：這種人反應遲鈍，不善於交際，對知心朋友才會傾吐真誠。

．獲得更多友誼的秘訣

想獲得更多的朋友，應該遵循以下信條：

1、**對人真誠並感興趣**。最有效的交友秘訣是對別人真心誠意地感興趣。如果老是在別人面前表現自己，只想別人對我們感興趣，我們將永遠不會有真誠的朋友。

2、**給人以真心的微笑**。微笑表示我喜歡你、很高興見到你、你使我快樂。不過這必須是真正的、發自內心的、令人感到溫暖而又愉快的微笑。那種不真誠的微笑是騙不了任何人的。

3、**記住別人的名字，而且很輕易地叫出來**。這等於給別人一個巧妙而有效的讚美，因為大多數人對自己的名字最感興趣。

4、**做一個好聽眾**。跟你談話的人，對他自己的需求、問題，要比對你的需求和問題感興趣千百倍。誠心誠意地聽別人講話，正意味著你能給予他最大的讚美。這種讚美是暗示性的，也是那些希望向你傾吐心曲的人們迫切需要的。

·擁有知心朋友的秘訣

1、**敞開你的心**。真正的友誼不是單方面的付出，而是雙方面的相互奉獻。

2、**助人為樂**。白天的太陽雖然燦爛，卻沒有黑暗中的一絲燭光更讓人珍惜。在朋友最困難的時候，請給他一絲溫暖。

3、**尊重你的朋友**。不懂得尊重朋友的人肯定不會擁有知心朋友。不要任意傷害你的朋友，不要在別人面前講朋友不願講的隱私。

4、**耐心傾聽朋友的訴說**。朋友不順心的時候，會找你訴說，你只要做一名忠實的聽眾，不加評論地耐心傾聽。如果連這一點耐心都沒有，就不可能擁有知心朋友。

5、**懂得什麼是真正的友誼**。這一點很重要，因為有些人是看中你的錢財或其他原因才親近你的，所以交朋友時要擦亮眼睛，患難中的朋友才是真正的朋友。

6、**真正的友誼不是依附**。在友誼的水平線上，朋友間都是平等的，不存在主賓的關係。不要為了使朋友滿意，而去做你不願做、也不應該做的事，否則他就不是你真正的知心朋友。

7、**友誼不需要勉強**。當你發現與朋友不能志同道合時，不要極力去維持這已不存在的朋友關係。這對你和你的朋友都有益。

‧影響人際關係的障礙

1、**自我中心主義**：只關心自己的興趣，忽略別人的處境和利益，這樣極容易破壞人際關係。

2、**操縱他人**：不尊重他人，甚至有企圖操縱他人的想法，如此會造成人際關係的不平等。

3、**欺騙**：欺騙將阻礙人與人之間思想的溝通，使彼此處於不信任狀態。

4、**過分討好和敬畏**：這種行為使彼此關係生硬，情感和訊息的溝通不能順利進行。

5、**嫉妒**：這種性格容易形成敵對和不合作局面。

6、**猜疑**：猜疑的性格使人際關係陷於僵局，令人容易偏激。

7、**自卑**：因自卑而失去自信，從而對人際來往反應過度。

8、**情感孤僻**：由於缺乏人與人之間情感的聯繫，人際關係不能正常發展。

9、**偏見過甚**：由於有過被拒絕的經驗，因此凡事過分防禦，處處被報復心理所支配，對人持錯誤看法，顯示不友好的態度。

10、**不切實際的期待**：苛求別人太甚，希望的目標難以達成，所以造成人際關係緊張。

．不受他人歡迎的行為

1、經常向別人訴苦，包括個人的健康問題、經濟問題、工作情況等，但對別人的問題不感興趣、不予關注。這種人是最令人討厭的人。

2、經常嘮嘮叨叨，談論一些雞毛蒜皮的瑣事，或者不斷重複一些膚淺的笑話及一無是處的見解，令人吃不消，自然也不受人歡迎。

3、言語單調，喜怒不形於色，對任何事都漠然，不作情緒上的反應。

4、態度過分嚴肅，不苟言笑，一派道貌岸然。

5、在任何社交場合中，總是喜歡獨處，既不參與別人的活動，也不主動與別人溝通。

6、語氣浮誇粗俗，滿口俚言粗話。

7、不斷向別人述說自己的生活瑣事，誇耀自己的經歷，或只知道談論個人的興趣，從不理會別人的感受和反應。

8、過度熱中取悅別人，以博得別人的好感。

‧化解交際中的尷尬場面

人際來往過程中，難免會有尷尬場面出現。這些尷尬場面，有些是事先可以預防的，有些則是難以防止的。一旦遇到這種場面，不妨採取如下方法來化解：

1、**不動聲色**。如你到了一個新環境，遇到的儘是些陌生人，這時，你應主動前去打招呼，以減少彼此的陌生感。如果你反應尷尬，別人也可能感覺不自然。

2、**如實說明**。誠實是最好的對策，如實說明，尷尬也就不存在了。

3、**轉移目標**。當別人提出你不願回答的問題，你不妨把話題岔開，對方一般會知趣的。若你覺察自己講漏了嘴，應趕快轉移話題，這可以使雙方避免尷尬。

4、**借助幽默**。大庭廣眾之下發現自己有失禮之處，不妨用一句玩笑來自我解嘲，化解尷尬。

5、**以攻為守**。有些不想被別人知道的事情被人說了出來，這時不妨乾脆點頭稱「是」，別人也就不好再繼續講下去了。這是以攻為守的方法。

‧交際中的最佳距離

在人際來往中，能否把握好最佳的空間距離，直接關係到交際的效果。一般應注意以下幾方面。

1、**把握交情生熟的差異**。

空間距離與對象的生疏或熟識有一定區別。如果雙方互相認識，又是親朋好友，可以親熱些，拍肩、碰肘、撫摸、擁抱、依偎等都可以，但如果雖互相熟悉，但在感情上仍有距離，則不宜太過親近。與不熟的人往來時，雙方距離宜遠些，以表示對對方的尊重，但又不宜太遠，給人以冷漠之感。遇到老同事、老同學、老鄰居等應該遠遠地就打招呼，立即顯出熱情。

2、把握內容輕重的差異。

來往內容的重要與否、嚴肅與否，對雙方的空間距離無疑有一定的制約關係。一般說來，重要的、嚴肅的內容宜坐下來談，而日常生活小事、零碎的工作事務，交談時的距離可近些，如果是較機密的內容，距離則可更近些。假如在正式場合要表揚一個人或一個團體，距離可遠些。當兩個公司的代表召開洽談會時，雙方可分別坐在桌子兩邊，保有一定的空間，但在洽談中止的餐會上，則可以打亂位置，互相穿插，儘量縮小彼此的距離，使氣氛更加隨和而融洽。

若是請教、懇求於人時，特別是自己的老師、專家、長輩、上司等，要儘量靠近對方，以表示自己的誠懇。

3、掌握男女性別的差異。

性別不同，交際的距離也有差別。例如，彼此熟悉並經常在一起的男女友人，交談的最佳空間距離為一公尺左右，即使談話內容帶有機密性，也不宜交頭接耳。互不相識、年齡又相仿的男女初次見面，距離宜更遠些，倘若女性在交談時主動靠近男性，有可能被視為「輕佻」，若男性不斷靠近女性，也一樣很失禮。

此外，男性與男性的交談距離也不宜太近，太近會有不和諧之感，女性與女性交談則不宜太遠，否則會顯得雙方不融洽。

4、掌握性格特質的差異。

人的性格主要可分為內向型、外向型和內外平衡型。性格內向者，一般表現為沉靜、反應緩慢、不愛社交，有的較孤僻、好幻想；性格外向者對外部事物表示關心，開朗、活潑、情感外露、不拘小節，特別善於社交；內外平衡型則介於兩者之間。因此在與人來往中，對不同性格的人態度也應有所不同。例如，與內向的人打交道，彼此距離可稍遠些，因為內向的人大多具有防範心理，太近了，便認為是「侵犯」了他的獨立性，會感到不自在。與外向的人打交道，距離可拉近些。

除了從對象、內容、性別、性格等方面來掌握人際來往的最佳空間距離外，還可以從心情、地點等方面來斟酌。

·掌握社交分寸

在社交中如不注意分寸，很容易導致惡劣後果。至於應如何把握尺度呢？

1、**自尊但又尊重他人**。自尊是可貴的，但在社交中不能只尊己而不尊人，應該既有自尊也尊重別人。

2、**信賴但不輕信**。信賴對方是獲得對方信賴的必要條件，但是，信賴要有一定的限度，切忌輕信盲從，否則很容易上當受騙。

3、**表現自己但又不貶低別人**。社交中適當表現自己是好的，但若太自負、貶低別人，例如旁若無人地高談闊論，或以矯飾的表情、誇張的動作來表現自己，往往會使對方產生反感。

4、**坦誠但不粗率**。與人來往需要坦白誠懇，但是坦誠不等於粗率、信口開河。

5、**謙虛但不虛偽**。在社交中必須保持謙虛的美德，不要高傲自大。但是謙虛應以坦誠為基礎，絕不可陷入虛假的泥淖。

6、**謹慎但不拘謹**。謹慎從事是獲得成功社交的一個重要條件，但是謹慎並不等於拘謹，怯懦和忸怩都不利於社交。

7、**活潑但不輕浮**。談吐風趣幽默、舉止愉快活潑，往往是人際來往的良好觸媒，也是社交的催化劑。但活潑不等於輕浮，不能在社交場合表現出輕浮、庸俗。

．注意自己的表情

表情是心理狀態的外在表現。當人的大腦皮層受到客觀事物刺激時，就會產生情感反應，人體內部進而發生一定的變化，於是在人的外表呈現出各種各樣的表情。人的面部、身段、聲音及動作明顯地反映出喜、怒、哀、思、憂、恐、驚等七情。

在任何社交場合，表情一定要從容、自然，不要忸怩作態。應笑時就笑，該嚴肅就嚴肅，該活潑時就活潑。比如，在喜慶、祝賀、聯歡等愉快的場合，一定要春風滿面、笑顏逐開，以適應歡樂的氣氛，不可一本正經地板著臉，令人望而生畏、大煞風景；而在喪禮、弔唁、掃墓等悲哀的場合，則必須表現出肅穆、沉靜、傷感。表情必須符合各種場合的氣氛。人的表情是心理的一面鏡子，所以要特別注意。人的表情可分為以下三大類型，即面部表情、身段表情和聲音表情。

1、**面部表情**：眼睛是傳遞心思最敏銳的器官，可充分表現出思想深處的喜悅或冷漠，是其他器官無法相比的。因此，在與人交際中要特別注意眼睛的運用。

2、**身段表情**：在現實生活中，我們只需觀察一個人的姿態，就能明白他的心理狀態了。比如歡樂時蹦蹦跳跳；猶豫時低頭不語；後悔時捶首頓足；下決心時拍胸握拳；歡迎時張開雙臂；不滿時猛扭頭或猛轉身；沉思時用手拍摸頭或摸下巴……。

3、**聲音表情**：從一個人的聲音裡，便可以知道他的內心狀態。所以講話不僅吐字要清晰，有抑、揚、頓、挫，還必須注意韻律、節奏、聲調，同時也要飽含感情。

・注意你的肢體語言

日常生活中，人們的一舉一動、一顰一笑，往往是心靈的顯露、情感的表現。語言學家認為，人體是一個訊息發射站，它發射出的種種動作、體態、表情等無聲「語言」，常常可以補充有聲語言的未盡之意，進而幫助人們正確、完整地表達自己的思想，並瞭解別人的想法。

人體的每一個部份，幾乎都能傳遞出不同的訊息。比如，眉毛位置的稍稍改變，便可傳達出全然不同的意思。揚起眉毛的一邊，是懷疑的信號；兩眉揚起，則是驚訝的訊號；兩眉下垂，是沮喪、悲憂的訊號；兩眉橫展，是憤怒的訊號。

因此察言觀色，可以瞭解一個人的內心世界，也能掌握一個人的性格特徵。

有的人雖不善言談，說話沒有驚人的妙語，但他的舉止行為熱情而不失態、自然而有禮節，由於他的「肢體語言」幫助了口頭語言，同樣能贏得社交的好效果；有的人雖有一副好口才，但他不注意「肢體語言」，其表達效果自然就大打折扣了！

．如何與人往來才有彈性

我們知道，富於彈性的東西可以避免或減輕物體之間的碰撞或擠壓。人際來往也是同樣的道理。交際如果保有一定的「彈性」，就可以緩和彼此的矛盾，消除相互之間的誤會，並且給自己留下餘地，從而達到更好的交際目的。

1、**和初次接觸的人來往**。因為是初交，彼此並不怎麼瞭解，如果太急著表示親切，很容易讓人產生動機不單純或態度輕薄的想法。和別人打交道時總是「見面熟」，會使人對其真誠打折扣。反之，如果在初次來往時太過冷淡，又易使人產生目中無人或深不可測、老謀深算的感覺。因此在初次見面時，應透過漸進地接觸，來培養雙方的交情。

2、**和有隔閡的人來往**。人與人之間總難免存在隔閡，一旦隔閡存在，必然產生一定的戒備心理。所以，和與自己有隔閡的人來往時，在主動接近的同時，又保持適當的距離，既掌握對方心理，又不過於敏感、胡亂猜疑。一切應處理得從容不迫，留有餘地。隨著接觸機會增多，雙方的隔閡或矛盾就會自然消除。

3、**在特定場合下的來往**。有些場合的來往也需要講究點「彈性」，比如在公關活動中，在商業、外交談判中。這些特殊的來往如果不講究「彈性」策略，就會操之過急或失之偏頗。一般來講，在公關活動中，公關的目的是為了盡最大努力樹立自己美好的形象、擴大知名度，以贏得別人的信賴。因此在這種場合，更應實事求是，如果趾高氣揚、自大吹噓，不僅敗壞了自己的形象，公關效果也無法達成。反之，一味低三下四、「謙卑」過分，也同樣讓人倒胃口，不屑與你來往。此外，在商業談判中也一樣要有彈性，由於雙方既是競爭對手，又是合作夥伴；既可能是敵人，也可能是朋友，尋找雙方都樂於接受的內容，這就需要「彈性」策略，把關係處理得鬆緊適度，並增進雙方合作。

4、**在特定語言中來往**。人們來往總離不開語言，所以言語交際中也要有「彈性」。例如，別人要你對某事談談看法，而你一時又沒有完全的把握，不如用「也許、或許、可能、大概」等詞語來表述你的看法，為自己留下餘地。尤其是在複雜多變的情況下，如此表態可留下迴旋餘地。

「彈性」策略在交際中的運用是十分廣泛的，只要掌握了「彈性」來往的規則和技巧，你就能在與別人的來往中遊刃有餘、輕鬆愉快。

・察言觀色的技巧

與人來往時還應注意不要太一廂情願。透過察言觀色可以知道對方的真實想法。

一廂情願的談話往往會讓對方厭惡，同樣，缺乏幽默感的談話也會令人感到乏味。

適度的幽默可以增進良好的交際效果，緩和當時的緊張感，顯示親密，適時開啟對方心扉，創造絕佳的溝通契機。

培養幽默技巧需要頭腦靈活，也要興趣廣泛、知識廣博，還要態度隨和親切。

人與人交談，最熟悉的話題不外「衣、食、住、行、育、樂」。因此人們見面時，常會問：「你吃過飯了嗎？」「今天天氣不錯呀！」「你的孩子幾歲了？」「你這套衣服真好看！」「你喜歡吃水果嗎？」所以第一次見面時，你不妨以諸如以上的話寒暄，既顯得親切，又使對方覺得你十分平易近人。

善於交際的人，自然懂得如何有技巧地拒絕對方。想要不破壞人際關係地說出「不」字來，除了要察言觀色，選擇恰當的時機，還要注意以下幾點。

1、說話要得體，因為無論如何，說「不」總會使人感到不舒服，必須極小心、很誠懇，才不會招致對方的反感。

2、即使自覺理由充分，也不可以得理不饒人，把話說得太絕，否則徒然傷害彼此的感情，對雙方都沒有好處。

3、平時就要把「是」與「否」的用法分辨清楚，對不同的人用不同的表達方法。

4、切勿直截了當地說「不」，否則別人會誤以為你毫無誠意。

5、說「不」時，要設身處地為對方著想，讓對方明白你之所以說「不」是情非得已的。

·如何瞭解別人

如果你問別人某人是怎樣一個人，他最多只能描述一下對方的衣著打扮、個子高矮、身體胖瘦、五官什麼模樣，以及走路什麼姿勢等等。至於對方的心理特徵、性格特點以及其他更深層次的東西，便一無所知了。因此，想了解一個人，除了他的外部待徵，還需要瞭解以下內容，才能真正瞭解對方。

1、**性格特徵：**性格是一個人思想和行為的特徵。每一個人因為父母遺傳、家庭或社會環境的影響以及教育的薰陶而形成不同的性格特徵。例如熱情、開朗、孤僻、內向、剛毅、懦弱等等。所以，瞭解一個人的性格，可以大致推測出此人的愛好、看待問題的方法、處世態度等。

2、**品格特徵：**品格是一個人的思想認知和行為本質，它完全是由後天環境的影響和教育所決定。比如誠實、謙虛、傲慢、蠻橫等。品格優良的人受人擁戴，品格惡劣的人受人嫌棄。因此必須弄清楚一個人的品格如何，然後再決定與其相交的深淺程度。

3、**身世：**一個人的身世包括家庭出身、職業、社會關係、社會經歷等等。瞭解這些情況，可以掌握他的經歷和周圍環境。因為這些對一個人的影響是很重要的。

4、**心理活動：**心理活動是一個人的內心世界，如果能瞭解一個人的內心活動，可以知道他在想什麼。這樣，對他要說或者要做的事情，才能採取正確的應對方法。

5、生活習慣：一個人的生活習慣是經過長時間養成的。生活習慣無論正確與否，都會構成他的生活。比如，抽煙習慣、喝茶習慣、午睡習慣等。

6、表情和姿態等：表情、姿態雖然是外在表現，卻是一個人內心世界的流露。觀察這些表像，可以瞭解一個人的心理活動。比如，微笑可能代表心情高興或對某種事情的滿意程度；談話時總看時間，可能表示有別的事情要做，或者對你的談話不感興趣等等。

7、行為結果：觀察一個人處理事情的結果，可以看出此人做事的態度、方法、能力以及性格、心情、品格等。比如抽煙，有的人把剩下的煙頭隨手一扔，有的人放在腳下踩熄，有的人則小心地丟在煙灰缸或垃圾桶中。這些微小的差別，就是反映一個人的修養、習慣、心情最好的方法。

・一見如故的秘訣

一見如故，相見恨晚，素來被視為人生一大快事。善於跟素昧平生者打交道，掌握「一見如故」的訣竅，不僅是一件快事，而且對工作、學習大有裨益。那麼，「一見如故」的訣竅何在？

1、說好第一句話。初次見面的第一句話，是留給對方的第一印象。因此關係重大。說第一句話的原則是：熱切、貼心、消除陌生感。常見的有三種方法：

攀談式。例如，「我是你哥哥的同學……」其實，只要稍加留意，不難發現雙方有著一些共同的親友。

敬慕式。對初次見面者表示敬重、仰慕，這是熱情有禮的表現。用這種方式必須掌握分寸、恰到好處，不能亂吹捧，不要說「久聞大名，如雷貫耳」這類過頭的話。表示敬慕的內容應因人因時因地而異。

問候式。「您好」是向對方問候致意的常用語，如能因對象、時間的不同而使用不同的問候語，則效果更好。

2、建立雙方感興趣的話題。見面要談得投機、其樂融融，雙方必須有共同感興趣的話題才能一見如故。只要雙方多留意，就不難發現彼此對某一問題的相同觀點、某一方面共同的興趣愛好，或某一類關心的事情。

3、**注意掌握對方的心理**。要使對方對你產生好感，留下深刻印象，還應察言觀色，瞭解對方近期內最開心的問題，把握其心理。

4、**重視告別語的設計**。「再會」之類的告別語千篇一律，不妨設計能給對方留下深刻印象的告別語，例如「祝您成功，恭候佳音！」「今天有幸結識您，希望有機會常連絡！」

・表現自我的方法

1、**在小事上表現自己**。人往往會從一點一滴的小事上評價一個人。

2、**在談話中表現自己**。有條不紊的邏輯、幽默詼諧的語言、恰如其分的措詞、一語雙關的妙語，都會給聽眾留下良好的印象。

3、**在關鍵時刻表現自己**。關鍵就是考驗。在許多關鍵時刻，例如面試、應考等重要場合，一定要比平時表現得更出色。

4、**在對方不知不覺中表現自己**。一是投其所好。要留心觀察，掌握對方的愛好、特長、習慣，讓對方覺得你善解人意，富有魅力。二是補其所短。如此常常會使對方喜出望外。

5、對方看不到時也要表現自己。例如上司不在時，你還能一如既往，甚至比往常更賣力，看在別人眼中一定會覺得你忠誠可靠。

6、在關心別人的基礎上表現自己。關心別人以表達自己的善意，會使別人更喜歡你。

7、透過與人合作或支持別人表現自己。為對方排憂解難，最能取悅對方。

8、在對方尊敬和疼愛的人面前表現自己。人人皆有愛屋及烏之心，聰明的人常常會這樣做。

9、在突發事件時表現自己。面對突發事件，許多人可能會束手無策怕冒風險，怕擔責任，若你能出奇制勝、化險為夷，一定會受人肯定。

．整裝時應迴避他人

一般上班族大都十分注意維護自己的形象，對自己的外表刻意修飾，對於穿著打扮更是講究頗多。在各種商務活動中，既要求注意維護自我形象，也要注意在修飾衣著時避人耳目。

所謂修飾避人，意即維護自我形象的全部工作應在「人後」進行，絕不可在他人面前毫無顧忌地去做。

不注意修飾避人，顯得缺乏教養。例如，在客人面前打領帶、提褲子、整理內衣，或是在公共場合化妝和補妝，是不懂得尊重別人的表現。

有人不管是在正式的談判、會議上，還是在非正式的家庭聚會中，凡有時間，就愛揩揩眼鏡，擦擦皮鞋，修修指甲。這些「小動作」或許不會妨礙別人，但會給人以心不在焉的感覺，使在場的其他人感到被輕視。

不注意修飾避人，在某些情況下如同當眾獻醜。摳鼻孔、剪鼻毛、剔牙縫、檢查褲子或裙子的拉鏈是否拉好、拉直下滑的長統絲襪等修飾動作，特別需要避開他人的視線，在無人處進行。若在人前毫無忌諱地去做，不僅有礙觀瞻，「汙染」他人的視覺，而且使人感到厭惡，直接影響到工作表現。

・糾正偏見的方法

在現實生活中，對他人抱持偏見的現象幾乎隨處可見。偏見又稱為刻板印象，即對某人、某事的看法形成了固定的成見。刻板印象普遍存在於人們的意識之中，人們不僅對曾經接觸過的人具有刻板印象，即使是從來沒有見過面的人，也會根據間接的資料與訊息產生刻板印象。刻板印象又可分為積極的和消極的兩類。積極的刻板印象總是把對方想像得完美、善良、熱情、友好；而消極的刻板印象則相反。無論是積極的刻板印象，還是消極的刻板印象，由於都是不夠客觀的，因此很容易陷入偏見的泥淖。

偏見的產生一般有以下三種原因。一是「先入為主」，即憑膚淺的「第一印象」就進行判斷。二是「個人好惡」，人際來往是一個感情互動過程，對待他人友好或不友好的態度，都會有相應的感情反饋，若自己依個人好惡未能善待對方，對方自然也不會好好待你。三是「片面推理」，如某人經濟拮据，就無端推測他可能見錢眼開，甚至會手腳不乾淨。

糾正偏見，可以從以下幾方面著手：

・不被膚淺、表面的現象所迷惑。尤其要避免「以貌取人」。

．真誠友善地對待他人，不要用有色眼鏡看待他人。

．將心比心，消除對他人的偏見。

．如何避免遭受誤解

在日常來往中，經常會發生自己的意思被別人誤解的狀況。要如何才能使自己的話不被別人誤解呢？一般應注意以下幾點：

1、**要儘量避免話中有話**。在需要明確表達自己的意思時，話一定要說得明確、具體，千萬不要模棱兩可，不要用那種話中有話的句子，以免引起誤解。

2、**不要隨意省略主語**。從現代語法看，在一些特殊的語境中，是可以省略主語的。但是談話中隨意省略主語，容易造成誤解。

例如，一位男士在商店買帽子，售貨員拿了一頂給他，他試了試說：「大。」售貨員一連給他換了四五頂帽子，他都嘟囔著：「大。」售貨員生氣了：「明明小，你為什麼還說大？」男士才說：「我說的是頭大。」

3、**要注意同音詞的使用**。同音詞就是詞音相同而意義不同的詞。在口語表達中脫離了字形，所以同音詞用得不當，就很容易產生誤解。

4、**少用文言文和方言**。交談中除非有特殊需要，一般不要用文言文與方言。文言文與方言容易造成對方的誤解，不利於感情交流和思想表達。

5、**說話要注意適當的停頓**。書面語借助標點把句子斷開，以便內容更加具體、準確。在口語中我們常常借助的是停頓，有效運用停頓可以使你的話語清楚，減少誤解。我們在與人交談時，一定要注意語句的停頓，使人輕鬆易懂地聽你講話。

交談的一個重要的目的是交流感情、表達思想、傳遞訊息，因此語言的準確是一切的基礎，只有準確、明白地表達，才能使你的話不被誤解。

‧如何獲得別人的諒解

誰都難免因為做錯事而使他人不快。如何挽救這種局面，求得他人的諒解？一般須把握以下四點。

1、**態度要誠懇**。為表示你真誠的態度，可以親自登門或者寫封信給對方，表示你深深的歉意。

2、認錯必須坦率。當你想要得到對方諒解時，就應該坦率地向他說出你所犯的錯誤，並表示改正的誠意，才能證明你希望獲得諒解的決心。

3、善於選擇時機。如果你已認識到自己的不對，就應該立刻道歉。

4、勇於承擔責任。既然你已經做錯了，就無需掩飾，勇敢地承擔起責任才是獲得諒解的最好方法。推卸責任或避而不談，只能適得其反。

‧給人誠實的印象

1、自己不懂的事就坦白說不知道，較能博得對方的好感。

2、說話的速度不要太快，因為說話從容才能給人好印象。

3、萬一遲到而讓對方等待時，重新約定的時間應比你所確定到達的時間再增加十分鐘，如此提前十分鐘到達較易獲得對方的信賴感。

4、重視和工作有關的各種細節，可加強對方認為你工作十分勤奮的印象。

5、打電話時，先問對方是否方便接聽電話，可刺激對方想聽你說話的欲望。

6、為了表示自己的誠意，應提早十分鐘到約定地點等候。

7、即使借小額的金錢，也要如數奉還，如此可增加別人對你的信賴感，給人一種你很重視金錢往來的印象。

8、要消除對方對你的不信賴感。

9、提出反論時，採用請教的說法，就不會給人傲慢的印象。

10、和上司一同出遊的隔日早晨，應比平常更早上班，以加強上司的信賴感。

11、對不在場的第三者表示關心，會令人覺得你是一個心思細密的人。

．給人熱忱的印象

1、主持會議或發言時，講話應表現出魄力。

2、想使人覺得你有幹勁，應比別人搶先去接聽電話。

3、保持可隨時起身的坐姿，也是使人產生積極印象的方法之一。

4、早上比別人早到公司，可加強你有幹勁的形象。

5、背部挺直快步走，可使你看起來精力充沛。

6、坐椅子時，淺坐的姿勢會令人感到你的積極性。
7、與人交談的時候，上半身往前傾斜，可表現出你對交談之事的強烈關心。
8、穿著長袖襯衫時，將袖子捲起來，可給人積極又幹練的印象。
9、往右上角稍斜的坐姿，可塑造積極的形象。
10、對別人的言談表示同意時，稍微說些附和的話，可強調你的認真態度。
11、欲加強與上司的親密感，即使是上司已知的事件也要報告。
12、認真時，有認真的表情；該笑時，則儘量笑，會給人良好的印象。

‧克服自卑心理

不少人在與人來往時常出現矛盾的心理：既想接近別人，又怕被對方拒絕；既想在別人面前談些自己的觀點，又怕被別人恥笑；事先雖想好了許多話，可是一站在生人面前就全忘了，大腦彷彿一片空白。產生這種心理現象是自卑感在作祟。

這種人總愛對別人採取躲避態度，走路時低著頭，不願與熟人打招呼；與人交談時垂下眼皮，不敢正視對方；會故意顯出自己很清高、不理人，內心卻又覺得自己事事不如人，隨時都有被人嘲笑的可能，所以將自己封閉起來；如果有人想接近他、和他交談，他會覺得茫然不知所措；但如果大家都不理他，又感到自尊心受傷。有時別人本無心輕視他，他卻疑神疑鬼無故和別人賭氣，搞得別人莫名其妙，結果失去越來越多的朋友和社交機會。

克服自卑心理應首先具備自信心。高度的自信心意味著對自己信任、尊重和肯定，也意味著充分瞭解自己的實力。提高自信心的有效辦法是充分認識自己的特長和優勢，並在學習和實踐中發展它。其次是要培養自己對外界事物和各種類型人的興趣，把與人來往當作一件愉快的事，而不是負擔。

你可以從簡單的與人打招呼開始。每天起床後第一件事，就是和家人愉快交談，然後試著和鄰居、熟人、同事打招呼，並抽出一定時間與人聊天，充分感受與人來往給你帶來的樂趣和感情的補給。當你具備了這些習慣之後，可以試著和別人討論問題，設法把自己的觀點說得明白易懂，提高你在與人來往時的語言表達能力和應變能力。經過一段時間的鍛煉後，你會發現自己能夠擺脫煩惱和孤獨。

具備了這兩種條件後，還要學會分析自己，找出產生自卑感最原始的原因。

比如，參加社交活動的機會過少、幼兒時期受這方面的教育和鍛煉不足、家庭地位低或家庭不健全、工作能力不強、教育程度不如周圍人、相貌體態不美，或有某種生理缺陷。認清了這些，你就能針對缺陷改善，並把劣勢變為優勢。

當然，克服自卑感並非輕而易舉，它需要勇氣去克服各種阻力。

‧克服猜疑心理

與人來往的過程中大都免除不了猜疑。猜疑是一種非常複雜的精神狀況，一般說來，猜疑分以下兩大類。

第一類是指沒有直接證據，僅依以前相關資訊判斷現況。這種猜疑一般是比較理性的，有助於你做出正確的判斷，在人際來往中有時是必要的。

第二類是由於對自己缺乏信心、與他人產生誤會，或聽信流言等原因產生的猜疑。這種猜疑很容易造成你與周圍的人產生對立情緒，引出一些錯誤的判斷。這樣的猜疑是需要克服的。

克服猜疑心理的最好辦法是在發生前防止它。首先必須學會知人、知己，對自己和周遭人的性格特徵、處世方法等，在短時間內做出準確的判斷。

如果你能正確估計出自己在周遭社會關係中的地位，以及留給別人的印象，就不會隨便猜疑別人了。

此外，還要注意儘量不要聽信流言，對小道消息最好抱著參考的態度，不能以此作為判斷依據。任何事都應聽取各方面的意見，進行全面分析，避免聽信而引起誤會。

．避免牢騷滿腹

發牢騷，是人們發洩不滿情緒的一種手段，在日常生活中幾乎隨處可見，牢騷有以下幾種形式。一是直接攻擊式，指名道姓地攻擊，埋怨某人某事，措詞大多十分激烈；二是指桑罵槐式，對某人某事不滿，但並不直接進行攻擊，而是採用迂迴的方式表露自己的怨氣、怒氣；三是自我發洩式，遇到看不慣的事，關起門來自我發洩一通，情緒反應往往比較激烈，但很快就可以恢復平靜；四是暴躁狂怒，在他人面前盡情地發洩不滿和怨恨情緒，言語粗暴、情緒激動，大有不可收拾之勢。

以情緒活動的角度來分析，發牢騷是由不愉快的心情所引起的，但是牢騷本身還會產生新的不愉快。因此，它是不良的、需要加以控制的反應。

1、**勸阻和誘導**。遇到不平和不快的事情，發點牢騷是常有的事，但勿鑽牛角尖。

2、**控制和化解**。任何不良情緒反應都是需要控制的，尤其是像牢騷有很強的殺傷力，如不加控制，不僅對自己不利，還可能殃及他人。控制的辦法，首先是要充分認識發牢騷的危害性，不要圖一時的痛快而不顧後果。其次要懂得靠發牢騷來解決問題是不可能的。

3、**轉移和昇華**。當自己遇到不愉快的人或事，怨氣即將湧上心頭時，趕緊迴避和轉移，多想些使人高興的事，避免消極情緒進一步惡化。

・社交的十項忌諱

人際來往在現代社會尤其重要，有些人卻不瞭解其中的禁忌，常常碰壁。國外一些心理學家提出了成功社交的要領，歸納為以下幾點：

1、**不要過分打扮**。衣著要與身分相符，整潔大方，當然，也要考慮對方的生活習慣。如果不修邊幅或過分修飾，難免使對方產生誤解，或給人一種浮誇輕薄、華而不實的感覺。

2、**言談舉止不輕浮**。言談、舉止要有禮貌、有條理，言簡意賅；別人說話時，要虛心傾聽，不任意打斷對方說話。

3、**不要顯示自己有恩於人**。不要多談自己的好處、給人的恩惠，或別人太對不起自己了……應該常提受人恩德的事，使對方心中感到舒服。

4、**不要論人是非，發洩牢騷**。不要任意議論第三者，不要攻擊他人短處，也不要對自己不滿的人和事發洩不滿情緒。

5、**不要花言巧語，虛偽客套**。態度要誠懇，實事求是，不用虛偽的客套話騙人。

6、**不要大小眼待人**。對人應一視同仁，不卑不亢，不論對方地位高低、資歷深淺、條件優劣，自己都要熱情謙虛，既不巴結討好，也不傲慢自居。

7、**不要自以為是「萬事通」，不懂裝懂**。對自己不知道的事也東拉西扯，會引起對方反感。

8、**要講信用，守時間**。自己沒有把握的事情，即使礙於面子不能馬上拒絕，也要委婉地表明沒有完全把握。與人約會見面，一定要準時赴約。同時，初訪時交談不可過久。辦完事情，儘快告辭，不要耽誤別人的時間。

9、**不要過問自己不應知道的事情**。不要貿然打聽別人的秘密或難以啟齒的事情，使對方受窘。

10、**不要隨便誤解對方，要正確理解別人談論的事**。

‧如何獲得別人的好感

多數人都渴望獲得他人的好感：男士希望獲得女士的好感，女士希望獲得男士的好感，下屬希望獲得上司的好感……想要贏得別人的好感，以下幾點應銘記於心：

1、**塑造良好形象**。首先要做到謙虛而不自卑，自信而不固執，倔強而不狂妄，才能給別人留下好印象。

2、**注意充實知識**。只有學識豐富、思想敏銳、興趣廣泛，才能提高自我價值，吸引眾人。

3、**堂堂正正做人**。心地善良，待人誠懇，做人正派，這是受人歡迎的條件。

4、**樂於助人**。幫助別人是不可缺少的，當別人有困難時，你要伸出熱情之手；當別人感到愁苦時，你要主動幫助排憂，使對方感受溫暖，對你產生好感。

5、**興趣力求廣泛**。愛好和興趣是廣交朋友一個很好的「媒介」。如果你喜詩愛畫，能歌善舞，集郵、攝影、運動樣樣都懂一些，你就容易和別人擁有共同的興趣，共同的語言，共同的心聲，無形中在雙方之間架起一座「友誼的橋樑」，別人也容易對你產生好感。

6、**善於言語表達**。無論是在座談會上，還是在朋友相聚的場所，如果你有見解，就要大膽地表明，若是一言不發，一味害羞，不敢啟齒，不僅給人軟弱無能的印象，而且會在眾人面前降低你的價值。當然，言語表達要注意掌握分寸，注意發言場所，切忌花言巧語，令人討厭。

7、**尊重對方人格**。要尊重對方、講究禮儀，這會使你在短短的時間內就給對方留下良好的印象。

8、**背後勿論人非**。一個正直的人應有話直說，不要在背後議論別人。

9、**處事寬容大度**。當別人受到上司表揚時，不要嫉妒、不滿，要在別人的進步中找到自己的努力方向。對人要諒解、體貼、忠實、豁達，這樣的人會在他人心目中留下良好的印象。

10、**勿做勢利小人**。無論是對上司還是下屬，都要平等相待。

第二章
辦公室裡的人脈解析

·職場人際關係類型

無論在什麼樣的公司工作，人際關係都是十分重要的一環，以下介紹辦公室裡常見的六種人際關係模式：

1、**針鋒相對型**。這種關係多數是出現於同事之間。上司往往會置身事外，視若無睹，更甚者，他正是形成這種關係的幕後主使。同事間的不和通常多是因競爭、升職加薪而起，一般在具規模的公司中最常見，身為其中成員，稍有差錯即會捲入紛爭，要小心提防。

2、**各懷鬼胎型**。這種同事關係可謂糖衣毒藥、笑裡藏刀。一般來說，上班族都是較為成熟世故、人事經驗比較豐富的，少見喜怒形諸於外之人。平日相處和諧，彼此仿如摯友，但若有可乘之機時便施展各自的伎倆。這種現象通常多發生在一些知識水準較高的圈子中，雖然平時大家互相觀摩切磋，相敬如賓，但當有利害衝突時，狠毒異常，所以切忌天真。

3、**互相結盟型**。人類的天性害怕孤單寂寞，所以上班族也忌勢孤力弱，多少總要結交一些同聲同氣的盟友，以防遭人暗算或可以彼此照應。至少在開會表決時，即使未能多兩張贊成票，也希望能少兩張反對票。故此，互相結盟幾乎是上班族的普遍現象，千萬別於陣勢分明時，自己仍是孤軍作戰，否則必死無疑，因此切記合群。

假如你所遇到的辦公室內人際關係如上述三種類型，而你又自問並非交際人才，那麼，在此要勸你還是三思而行。若有其他更佳選擇，不妨換個環境重新開始，免得以後焦頭爛額。

至於下列三種類型就較為適宜一般新進上班族。因為氣氛上較自然輕鬆，能給予新職員循序漸進的學習機會。

4、**自顧自型**。這種同事關係是河水不犯井水，只要能有私人空間，幾乎可以一天打不上兩次招呼。因此辦公室裡往往一片死寂，了無生氣，或者只有機械性如電腦、打字機所發出的聲音。不用贅言，這種情況多數是出現於一些要求嚴謹的機構，所有人皆全神貫注於個人工作崗位上，絕不馬虎。在此環境內工作，雖鮮有是非可言，也無樂趣可說，因此切忌活潑。

5、**萬眾齊心型**。能夠令辦公室內同僚萬眾齊心的，必定有一個遭人討厭的上司。這個共同敵人會促使其屬下立場一致，尤其當上司和員工利益有所衝突，或者立場相對時就更加明顯。員工往往對上司心懷抗拒，甚至極不友善，此情況常出現於一些文化機構如報社等。

6、**和平共處型**。你或許奇怪為什麼會有和平共處型？這一點也不奇怪，只是例子比較罕有。在一些毫無挑戰性或獎賞的工作環境裡，成員彼此不用為了博取升職加薪而明爭暗鬥，反而可以培養友善對待和長久友誼，切記珍惜。

假如你的公司屬於以上三型，也算是不幸中的大幸。要知道世上本來就不會事事如意，只要不是置身於惡劣的工作環境中，便值得慶幸。在以上各型的人際關係中，稍有智慧的人應都能平穩度過。但由於前三種類型的人隨時可能被整肅，所以你要步步為營，事事小心，並依循本書的提醒去做，必定能建立良好的人際關係，平步青雲。

·如何應付辦公室裡的六種人

所謂「一樣米養百樣人」，辦公室的人形形色色，大致可歸納為以下六大型：

忠肝型、埋首型、彎腰型、自卑型、野心型以及長舌型。不同的人都會使辦公室內同事間的關係轉變，甚至影響到你和上司的關係，稍有不慎，你便可能成箭靶，與大好前程失之交臂，因此絕對馬虎不得。

1、**忠肝型**。此種人多數為公司內元老級，常以上司助手、親信自居。凡事都得參與意見，加以批評，一切以上司利益為優先考慮。表面看來與同事間關係密切而友善，經常一起吃喝玩樂，但往往在同事中極不討好，常是眾人談論與嘲諷的對象。此型人通常生活在空虛寂寞之中。

應付要訣：一定要謙遜，切忌過分親熱和冷淡，最好令自己毫不起眼。若成為被拉攏對象，就必須事事順其意思，即所謂順者生、逆者亡。

2、**埋首型**。此種人平日營營役役，勞勞碌碌，工作認真盡責，即使成績普通不受器重仍然努力不懈，力求進取。從心理學來說，其背後必然有一定推動力，比如害怕失去工作而更加努力，也可能是希望在努力之後有所成就，期待有一天守得雲開一飛沖天。

應付要訣：切忌鋒芒畢露，表現超卓。反之，應表現平實得宜，最好還要令他有超然之感，反過來助你教你，減低他鬱鬱不得志的遺憾。

3、彎腰型。這種人看來異常謙卑恭敬，禮貌周到，且熱情友善絕不難於相處。偶爾在街上碰到亦可攀談幾句，新職員往往有如沐春風之感。可是，他背後做的事你就一概不知，即使開懷暢飲之時也沒有半點口風露出。若問及對何人何事的觀感，他完全無話可說，到頭來你說的比他多出十倍不止。

應付要訣：切忌多嘴，少說為宜。千萬別把這種人當作心腹好友，將心事統統告之。否則不但惹來對方輕視，甚至可能成為別人的笑柄，到時才曉得被人出賣，但為時已晚。

假使你的公司有以上三種人，那麼你恐怕已學了不少處世之道，或經歷了多少慘痛教訓。此時，你應該開始對人際關係有所認識，因為以下三類就更難應付，甚至可能是促使你另謀高就的導火線呢。

4、自卑型。此種人資質平庸，外表普通，在行為上較為猥瑣，事事不如人，有自卑及缺乏自信的傾向。他們通常對任何人說的話都是一笑置之，彷彿毫不介意，其實內心充滿仇恨，對旁人的成功尤為嫉忌，會顯露出不悅與厭惡的目光。這種人通常是被眾人所遺忘的一群。

應付要訣：切忌與此種人有正面衝突，因為稍有才智的人都比他們優秀，失敗將促使他們產生仇恨之心。久而久之，你可能是他們的心腹之患、眼中之刺，避之較吉。

5、野心型。優秀的上班族必須要有自我期待和成就動機，才能做得比別人出色，然而對於其他同事來說，他就可能是最危險的對手。由於他志在成功，所以對新來的同事可能持敵對態度，因為新人對他來說著實會構成很大壓力。

不過，野心型也可分為兩種，就是志不在此型和急功近利型。前者一般對後輩沒太大侵略性，反之，他們只計較自己的表現。但後者則有如箭豬，稍有敵人出現便加以防範，試圖保衛個人利益，甚至做出損人利己的事情，新來的同事可能就會無故遭殃了。

應付要訣：一是避之則吉，逃之夭夭，不與他構成任何利害衝突，或保持距離，使他對自己沒什麼印象。二是與之結交，成為戰友，一起努力，使他以為你和他志同道合，而對你網開一面。

6、**長舌型**。此種人身無長物，不學無術，經常以是非當人情，與人保持良好人際關係以穩固職位。他們一般是無大志之輩，最擅長說人家的長短，不懂尊重別人，極惹人討厭。不幸地，由於這類平庸無能之士很多，集結成群，物以類聚，往往會成為一個勢力團體，假使你不幸成為箭靶，定難逃脫。

應付要訣：新來的菜鳥往往會成為他們八卦的話題。你若只是平庸之輩，他們將不會理睬你，但假如你極為出色，必然謠言四飛。你千萬不能就此投降，要知道「活得好是最好的報復」，「以其人之道還治其人之身」才是上上之計。

無論你所遇到的是何種人，切記：千萬不可投降，這世上只有弱者才會被淘汰。你所要做的是先掌握這些人的心理，再反守為攻，逐一擊破，勝利最後還是屬於你的。現在，你已初步認識到辦公室裡形形色色的人了，請作好心理準備，並加強個人修養，如此定能踏上成功大道。

·察言觀色的技巧

當你對工作環境和本身有了初步認識，並且確立了個人目標和理想後，再學習如何與公司內不同類型同事的相處方法。比如察言觀色的技巧、開會的秘訣和交際的手腕，均會對你的人際關係發揮很大作用。

職場在社會學上被稱為次要群體，其特性是：

1、非人情的。

2、互相分離的。

3、功利的。

4、視人類為功能和角色看待。

5、強調任務執行和角色扮演。

6、能力和價值是平行的。

這些特點促使人們不會在辦公室內把同事、上司、下屬、客戶等視作親人看待。推而廣之，可能形成彼此互不關心、猜疑，甚至互相陷害的情況。

不過，這些行為背後往往又受到一些動機驅使，使其做出某種只為個人利益的行為，期間不免會忽視或剝削他人的權益，或做出侵犯性的行為。心理學家的理論或者可以解釋部分原因。

根據心理學理論，人是在滿足其基本需要後逐層向上提升，不斷尋求滿足更高層次的需要。因此，人為了滿足需要，會不惜代價和手段去追尋。世途險惡，人心難測，其實也是源於人類追求個人生理或心理的需要。所以，當你不幸遇到某位心狠手辣的人時，請不用驚惶失措，他們只是受了個人需要影響，而做出引起你不滿或憤怒的行為罷了！此外，辦公室裡的緊張和壓力，同事間的鬥爭都會為我們帶來心理上的緊張與不安，影響個人的健康、思想、行為，甚至精神狀態，所以不必為你身邊一些不合理的人、事而悲哀。儘管社會壓力和緊張情緒充斥人們的生活圈，強烈影響人們的行為，可是我們還是必須承認，人際關係仍然是社會生活的主題，因此建立良好的人際關係是有其必要性的。

同時，透過良好的人際關係，人類可以獲得社會支持和尊重，甚至工作上的滿足。故此，公司同事既可幫你也可陷害你，成功永遠不是只靠個人努力便可達到，必須有旁人的協助，才能做出大事業。

既然同事對我們自身利益和事業成就有著如此重大的影響，為了避免個人權益被剝削，應先學習識人的能力。所謂相由心生，見微知著，懂得從行為窺探別人的內心世界，必能助你過關斬將，趨吉避凶。

社會上存在著各型各類的人，所以很多時候也難於分辨對方是正是邪，是善是惡，尤其對一些涉世未深的人來說，更加是丈二金剛，一點頭腦也摸不著。

不過，惡行也不是毫無破綻的，因為「若要人不知，除非己莫為」，只要對方的確有所居心，必定會在行為上展露出來。所以你必須察人於微，因為見微便可知著。

首先，我們可以從對方的身體語言去觀察，面部表情如眼神、坐姿、說話語氣都是窺探別人內心的最佳通道。

以下提供五種類型人作為參考範例，若你不幸遇到以下的人，記住：一定要避之為宜。

1、**笑面虎型**。懂得保護自己的人才真正知曉做人的藝術，而笑面虎型的人可說是充分掌握這種藝術的典型。

這種人通常無論任何時間、場合、處境、面對任何人物，上至老闆下至掃廁所阿姨，都會笑面迎人，親熱非常。原因通常不離兩個，其一是笑對他來說完全是機械性動作，所以他的眼神多半是空洞無神的；其二是笑對他來說只是一種工具，一種與人溝通的媒介，他一切的善意只為了達到其個人目的。

這種人不得不提防，原因是他太懂得保護自己了，他的動機可能是為自己建立人際網路，形成一個看來很堅固的社交圈，或是留下一些後路——社交支持，好使自己不致孤立無援。

2、**賊頭賊腦**。心術不正的此種人往往是賊眉賊眼，相貌猥瑣狡猾，談話間眼神不定，永遠目不正視，要探索他內心世界簡直難比登天，要是一不留神便會隨時被他暗中加害。

一般來說，此種人多為自卑感重、嫉忌心強之輩，對於別人的正義和坦白嗤之以鼻。此種人非但不可待之以誠，且絕不宜告之由衷之言，否則必招橫禍。

此外，此種人往往其貌不揚，又表現普通，成就平庸。正因此促使他對人居心不良，隨時有加害別人之心，故此一定不可被他捉住小辮子，找到可乘之機。

與此同時，即使沒有找到破綻，他亦可能會居心不正，無中生有，起加害之心。特別是當你與他利益有所衝突時，必然會引起對方仇恨，甚至只要你表現勝其一籌，觸犯了他的自卑感或嫉妒心，也必招禍。

3、金手指型。金手指型的人希望在其工作環境中得到權力，不惜破壞別人的既有利益，從而表現其個人優越性。這種人可說是辦公室內的危險人物，親近不得。

由於權威是群體活動中不可或缺的一環，象徵了統治和服從的關係。所以追求權威亦是人之常情，不過，過分的追求必然具排他的侵犯性。

另一方面，人性亦存在著破壞欲，特別是當破壞行為背後可以帶來某種關係和利益時，就更加促成破壞行為的發生。

此外，在別人失敗的時刻，為著表現個人價值和能力，也不惜幸災樂禍，視他人的挫敗為個人的優越而感到慶幸。

當以上三種情況集於一時，這種人便是極具危險性的人物，隨時可置他人於死地而面不改色。因為個人利益已沖昏其頭腦，掩蓋其眼睛，於是置仁義道德於腦後，含血噴人無所不為。

假使你的同事中有此種人（就算沒有也得假設有），就要事事小心，不能給人可乘之機來陷害你。

4、**易折腰型**。所謂易折腰其實是泛指一些沒有正義原則，容易受到眼前利益而放棄應有堅持的這類人。

由於內在行為很難洞悉，故此種人也較難於辨別，外表上看來與常人無異，但在日常來往中，多少可看出端倪。例如此種人往往貪小便宜，凡事斤斤計較，處事見風駛舵，與同事間關係看似和諧，實則卻頗惹人反感，是常受人批評揶揄的人。

此外，與他相交甚篤者，必然也經常被他出賣，如失約、遲到或早退等，故這種人絕對不能完全信賴。

此種人亦可能是「說是非」的專家，不同的是他對不同的人有不同的言論：例如對甲說乙的壞話，對乙又說甲的不是，從而建立個人交際圈，自以為受到歡迎。故切記：來說是非者，必是是非人，不可不防。

5、**耳根軟型**。人類的性格受環境影響極大，不同環境可以培養出不同類型的人。有一種人是完全服從環境的人——耳根軟的人。

這種人通常沒有個人觀點和立場，凡事人云亦云，隨波逐浪，缺乏自信和自尊。任何人的言論都可以影響他的思想與行為，更甚者，他很容易受到別人利用。事實上，在辦公室內隨時可以找到這種人的影子。無論中午吃飯、晚上看電影，甚至開會表決，他都表現得搖擺不定，無所適從，不是從眾便是投中立票。這種人在團體中是常常被忽略的一群。

也許你會同情這種人，但切勿冒險與他結為摯友，因為這種人基本上不清楚自身行為和責任，所以也不會對個人行為負責，甚至難以引起他的內疚，因為他總有為自己辯護的理由。

像這樣的人，開會時唯唯諾諾，對每位同事的說話均點頭稱是，每到他發言時卻又言之無物，不知所云，久而久之，人們也就不理會他的意見。

雖說此種人沒有多大侵略性和危險性，不過還是接近不得。與他們結交，有兩大危機：其一是影響你智力發展，因為腦筋必須要經常運用才會靈活，與他們在一起，你不會有用腦的機會，豈不退化？其二是惹人誤會。所謂物以類聚，人以群分，和這種人為伍，會令人懷疑你的智力。

懶惰是人類天性之一，而服從權威正好印證了懶惰這個人性弱點。因為只要別人說話聽似有理便信以為真，聽命權威，絕對是基於個人懶惰，不作思考和判斷，也不尋根究底，找出真相，才會出現這無定見的人。

所以，對於此種耳根軟的人，只要疏遠便可，因為他們不會加害於你，自然也不會構成危險和威脅。

・建立良好人際關係的原則

建立良好人際關係是一個需要不斷努力的過程，你必須一再爭取同事與上司的信任；另一方面，也要經常作出自我檢討和糾正謬誤。良好的人際關系不單可助你事業成功，亦可發掘自我內在潛能。

優秀的上班族通常都能洞悉其中關鍵，並懂得其訣竅。總而言之，如能掌握以下五種技巧，必能為你建立良好的人際關係。

1、**勤勞**。所謂「勤有功，戲無益」，在辦公室內，即使你效率甚佳，做事迅速，仍然要懂得適當的掌握，儘量把工作時間調節到比別人快一點，切不可太慢，更不可太快，否則必定招來輕視或嫉妒，有損良好人際關係的原則。

既然上班族所出售的是勞動力，而公司除了需要成效之外，其實是購買你的勞動時間。即使你在預定時間內完成所有工作，也不能以為剩下來的是屬於你個人的時間，大可無所事事，這會予人極不良的印象——工作不認真。

故此，無論這份工作需要多久才能完成，你必須鞭策自己在某特定時間內結束，太快和太慢均會帶來不利後果，保持埋頭苦幹才是上策。

2、**謙卑**。要獲得同事的認同和接受，態度必須要謙卑，凡事要忍讓，本著孔融讓梨的精神。

3、**健談**。健談也就是能與同事有很多不同話題，一般能夠引起大多數人興趣的，多是一些與上班族有著密切關係的人和事，才能引起眾人興趣。

無論是或非，讚揚或排斥，都不要忽略談話者自身利益。凡事多聽少說，附和比發言來得安全，明哲保身才是最高策略。

4、**活躍**。孤芳自賞，脫離群體的人又怎可能建立良好的人際關係呢？所以多參與公司的各項活動才能加深別人對你的印象。

初期，也許你會感到頗為疲乏，但切記不能顯露，反之要更開心投入，表現出自己異常熱愛這些社交活動的模樣，才可令同事對你產生好感。

其中最重要的一點，不論是上司、同事還是下屬，只要有人舉行慶生、升職等活動，都須列席，因為你多兩分人情熱誠，就減少兩分別人對你的戒心。

5、**慷慨**。既然參與就一定要全心投入，所以凡同事生日、宴客或送蛋糕、買禮物，都要不惜工本。

當然，對於普通上班族來說，這些開支或許不少。但是你必須牢記，這些將換來的利益是難以估量的，建立良好人際關係對你絕對是百利而無一害的。

只要做到以上幾點，即使不能助你平步青雲，至少也可保你地位，不致受人排斥，如此便可鞏固你在公司內的勢力，相信憑藉同事的支持，你必然明天又更好。

既然職場並非由一群志同道合的人組成，那麼，在各懷鬼胎的辦公室內又怎會沒有事情發生呢！所以，你實在不必為公司內有不喜歡你的人而感到難過，當務之急反而是如何對付你不喜歡的人。自己主動，總比被人先下手為佳。

除非你根本不想成為優秀上班族，否則，你必然會察覺到公司內有人不喜歡你、中傷你和排斥你。為了維護自己的存在價值和尊嚴，你必須懂得先下手為強的道理。

・世上總有一些人是永遠無法瞭解我的。

・世上總有一些人是不懂得欣賞我的。

・世上總有一些人與我話不投機。

只要你明白又承認以上三個事實，就不會愚蠢到期望自己能與世無爭。因此，要不討任何人厭又不討厭任何人簡直是天方夜譚，癡人說夢，所以勇敢迎戰那些本來已無好感或是完全不喜歡自己的人，才是上上之策！

第三章
職場超人氣禮儀

．名片的使用方法

名片並非舶來品，我們的祖先，遠在漢朝時候便使用了。當時稱之為「謁」，漢末又稱為「刺」。

到了今天，由於人與人的來往頻繁，名片的使用更見普遍，除了作自我介紹之用，也可以把名片作為簡單的禮貌性通信往來，表示祝賀、感謝、介紹、辭行、慰問、弔唁等等，用途極為廣泛。

在西方，名片大致分為三種：一是拜訪他人時用的名片，一是附帶商業用途的名片，一是用在某一特別日子或表達感情的名片。東方人多習慣使用商業用途的名片，而在西方規矩較嚴，具有商業用途的名片，是不能在社交上通用的。

在西方社交生活中，拜訪用的名片占了很重要地位。兩人初識互遞名片，用的也是拜訪用名片。

這種名片一般為十公分長、六公分寬的白色卡片，而女士名片規格略小。

名片在現代生活中，常用於下列幾種情形：

1、送禮物時。名片常包在禮物裡面或附貼在禮物外面。當然，這份禮物是託人送去或商店代送時才附名片，自己親自送去，就不必多此一舉了。如果還另附別的訊息時，應該把名片放在信封中並封口。

2、送鮮花時。送鮮花給朋友時，可把名片附在花上。

3、非正式邀請時。如邀請相熟朋友小敘，可用名片代替請帖，只需在名片上寫明時間和地點。朋友送禮物或書信，也可拿名片代替收條或謝帖。

4、寫介紹信時。有人寫信介紹你去見某人，你可以把自己的名片附在介紹信中，名片上寫明聯絡地址或電話號碼，再送給那人，彼此也不會覺得尷尬。

·交換名片的基本禮貌

上班族多備有名片。而與人交換名片的細節，當然也要注意。

首先，當你恭敬地遞出名片時，必須小心看清楚名片上是否印著你的姓名，特別是在集體交換名片時，很容易弄錯。試想，一個連自己的名片都會弄錯、粗心大意的人，別人怎敢信任他？遞名片時要用右手或雙手，而且態度慎重。名片的位置是正面朝上，並以讓對方能順著讀出內容的方向遞送。遞送自己的名片時，除了要檢查清楚，確定是自己的名片之外，還要看看正反兩面是否乾淨。

此外，自己的名字如有難讀或特別讀法的，在遞送名片時不妨自己加以說明，同時順便把自己「推銷」一番，這會使人有親切感。相反地，接到別人的名片時，如果有不會讀的字應當場請教。

接收名片時要用雙手，這才合乎禮貌。

接到別人的名片後，應該放進口袋或皮包內，隨便擺在桌上只顧談話是很失禮的事。名片是個人身分的代表，應該要像對其主人一樣地尊重和愛惜。

如果你每天都要與許多人會面、交換名片的話，最好準備一個專門收藏名片的名片夾，使名片擺放整齊有序，不易丟失。應該避免把名片放在皮夾，因為在遞出名片時要打開皮夾，裡面的證件、信用卡等都隨著出來亮相一番，這是很不雅觀而又失禮的事。

還有，不要當著對方的面在名片上做談話筆記，這是很失禮的。

另外就是放名片的夾子，切記不可放在臀部處的褲袋內。名片就好比是人的顏面一樣，大概沒有人會願意自己的臉被別人用屁股壓住吧！還要注意遞名片是有一定對象的，切不可像發傳單那樣隨意派發，也不能見人就要名片，過分熱中於名片交換，是會令人敬而遠之的。

·良好的風度氣質

有人計算，我們每天除了八小時的睡眠之外，其餘的十六小時中，約有七〇%的時間都用來與人交流思想，互通訊息。交流思想的形式雖是多種多樣，但最為普遍的還是交談。在日常生活中，交談是人與人溝通的重要手段。這種「雙向溝通」中，任何一方的疏忽都有阻礙彼此交流的可能，而且引起溝通不良現象的原因，大多不是言語本身，而是情緒的干擾。

一般來說，下列的交談方式是有失禮儀的：

1、任意打斷對方的談話或搶接對方的話頭，因為這樣會擾亂對方的思路，引起對方不快。

2、忽略了應有的解釋，使對方一時難以領會你的意思。

3、由於自己的注意力分散，而迫使對方重複話題。

4、像炮彈似地連續發問，使對方一時難以應付。
5、對待對方的問題漫不經心，回答空洞，使對方感受到你的冷淡。
6、隨便解釋，並輕率地下斷語，想藉此表現自己的內行。
7、避重就輕，語焉不詳，使對方迷惑不解。
8、不恰當地強調某些與主題風馬牛不相及的細節，使對方厭倦。同時，對旁人過多的人身攻擊也會使對方感到窘迫。
9、當對方對某話題興趣不減時，你卻感到不耐煩，立即將話題轉移到自己感興趣的方面。
10、否定或抗拒對方正確的觀點或中肯的勸告，使對方懷疑你的領悟能力。
上述不良交談方式，許多人大多已成習慣，因此，要克服它並非稍加警惕就可奏效，必須嚴於律己，持之以恆地加以改正。

．受歡迎的說話方式

有人說，人類的感情和理性比是七比三。的確，人類有許多行動是受感情支配的，要刺激一個人，感情比理性容易。因此，為求達到預期的目的，必須使自己說的話打動聽者的心。

怎樣打動聽者的心弦呢？可以從下述幾方面著手：

1、**尊重聽者的自尊心**。一是盡可能肯定對方的「是」，二是盡可能地不要否定對方的「否」。

比如對方的意見不對，你與其說「你的意見是錯誤的」，倒不如站在對方的立場上思考，找出其中某些「合理」成份，說成：「你說的有一定道理，但是由於……所以……我還不能贊成。」這樣，語氣委婉了，既符合交談的禮儀，也給對方以通情達理之感，進而接受你的意見。

2、**取得聽者的好感**。人的脾氣就是這樣，對於要好的人說的話洗耳恭聽；對於討厭的人說話，則閉上心扉。因此，如想要對方聽你的話，必須先獲得對方的好感，再研究自己話語的內容恰當否。

想取得聽者的好感，首先要理性，即說話必須是根據事實，以理服人，切忌瞪著眼睛說瞎話，企圖以勢壓人。其次，說話必須和顏悅色，語氣明朗。和顏悅色可以消除聽者的戒心；語氣明朗，可以喚起聽者共鳴。此外，如果說漏了嘴或有所疏忽，應表明歉意。

3、**儘量豐富話題**。話題多的人總是引人注目的。當然，話題多之外，還得有點深度，有些見解，這樣才能使人聽來有趣味，對說者自然好感倍增。

此外，如果還能夠加上點詼諧幽默，相信你必然會是一個處處受歡迎的人物。

·說客套話時勿誇大

不夠真誠或者過於刻板的客套話，都不能引起聽者的好感。例如說：「久仰大名，如雷貫耳」，「貴店生意一定發達興隆」，「小弟才疏學淺，一切請你多多指教」……這些缺乏感情的、完全是公式化的恭維話，若從談話的藝術觀點來看，非加以改正不可。

言之有物，這是說話必須具備的條件。與其說「久仰大名，如雷貫耳」不如點出對方真正的長處，直接講出自己心中的感受。至於恭維別人生意興隆，不如讚美他的經營手法，並擇其所長，集中某點請他指教，如此才容易為別人接受。

凡說恭維讚美的話，一定要切合實際。到別人家裡，與其亂捧一場，不如讚美房子佈置得別出心裁，或欣賞壁上的一張好畫，或讚美一株盆栽的精巧。想要別人喜歡你，你就要對別人的興趣也有興趣才行。

衷心敬佩別人的話，才能為人接受，如果對對方沒有一定的瞭解，切不可盲目恭維。因為不實際的恭維是最使人討厭的。

對有地位名望的人，讚美的字眼就更應斟酌，首先要想到，一個名人之所以能夠成為名人，一定是他在某領域有特殊的貢獻，而在他成名之後，恭維他的人一定很多，如果你依樣畫葫蘆地用別人常用的話來恭維他，他是不會高興的，因為他已聽得太多了。

對女人也如是。你不能隨便看見女人就讚美她漂亮，如她明知自己實在並不美時，心裡也許會覺得你浮誇。

總之，恭維話一不能亂說，二不能常常用相同的說法，三要注意不可多說。

‧與新同事相處應注意事項

當你剛到一個新工作環境的時候，最常遇見的情形是，你對一切都很陌生，不知道每一件工作的來龍去脈，因此，你必須時時請教別人。這時候，如果你的態度不虛心，耐心不夠，就容易受到別人的白眼，或是得不到客氣的對待。如果偶爾不小心，犯了一點錯誤，更容易招致不滿的批評。又如果你火氣太大，或者自命不凡，一定會破壞了同事的關係，同時也使自己的工作更加不順心。

這時候，最重要的是先修正自己的態度。既然自己對工作不熟悉，就要很虛心地請教別人。犯了錯誤就必須坦白承認，並且立即加以改正。即使偶爾受到不公平待遇，也不要斤斤計較。這樣，同事們會對你產生好感，更願意接近你。

假如有人把一些本來不應歸你負責的工作交給你，你也不妨儘量地把它做好。這是基於：

1、反正自己在辦公時間都該做事，只要是公事，只要不妨礙自己份內的工作，不妨為人分擔。

2、把這些額外工作當作一種學習機會，多學會一種工作，多熟悉一種業務，對自己總不會吃虧。

3、這是你跟同事接近、建立良好關係的機會。倘若某同事把自己應做的工作交給你，你很樂意地接受，並且認真把它做好，相信對方會對你產生良好的印象。

4、你要知道這些都只是暫時的現象，因為初來乍到，工作不夠瞭解，所以別人有機會把各種工作都拿來讓你試試，或者請你幫幫忙。等到你對工作環境漸漸熟悉了，對自己份內的工作也有了頭緒，跟同事之間建立了良好的關係，「為人作嫁」的現象自然就會消失了。

．辦公室裡的基本禮儀

舉止文雅，談吐謙虛，表情和善，都是我們在社交上應有的禮儀。在辦公室裡，同樣需要注意這些禮儀，儘管周圍都是你熟悉的同事。

最重要的，就是切勿東家長西家短。因為閒言閒語不但傳播迅速，尤其容易傷害人。

薪資是不應該在辦公室裡談論的一個問題。假如有人旁敲側擊，意圖試探你的薪水多少時，不妨一笑置之，或者給他一個不著邊際的答覆。要知道，你的薪水可能比他高，說出來容易引起他人的反感。

不要諉過給同事，這也是辦公室內的一種基本禮儀。自己犯了過錯，不要諉過給人家，或許你可能挨一頓罵，卻贏得了勇於承擔責任的聲譽。

遇到棘手的問題，首先應彙報部門的主管，切勿越級向更高級的上司報告。須知一家公司的組織和軍隊有點相似，發號施令有連貫性。假如和你的頂頭上司有意見的話，你最好先獲得他的同意，才能向更高一級申訴。

私人生活絕不可帶到辦公室去，要切記，公司給你薪水，就是要你替他工作，你應當盡責做好你份內的事情。

許多公司會嚴格執行一些公司規定，例如辦公時不能接聽私人電話、不能隨便跑出去喝咖啡、嚴守午餐時間、上班下班要絕對守時等。即使你的公司沒有這些嚴格規定，你還是不宜太過隨便，例如接聽私人電話，應設法減至最少；未到下班時間，也請勿偷偷溜走。

辦公室禮儀對一個人的前途關係很大，誰願意給一個老是張望著時鐘、喜歡在工作時間閒談的人升職的機會呢？

．上下班打招呼的禮儀

在辦公室，一大早用開朗明快的聲音向同事打招呼道早安，大家都會感到十分有活力。

早晨打招呼，是一天好情緒的開始。明朗的招呼聲，更是精神飽滿的保證。每天上班前，腦中最好有這樣的認知：「今天是我一生中最有意義的一日。」若能如此，我們每天都會過得很積極、很有意思。

切記不要有以下的想法：「唉，好無聊呀！今天又非去上班不可嗎？」「假如有不用工作又可賺錢的方法，那該多好啊！」一大早起來就充滿無奈情緒，幸福將永遠不會降臨。

上班固然要道早安或說幾句寒喧話，下班時也別忘了打招呼。

一天工作結束的時候，應該是最令人感到輕鬆的時刻了。可是一見周圍的同事和上司卻仍靜悄悄地加班工作，這時候開口道別，是很叫人為難的。

其實別人加班工作，自己也不一定就非加班不可。當自己將份內的工作妥善處理好之後，可以大方地先行告辭。當然，離開公司時，不可忘了向所有同事大聲地打個招呼：「對不起，我要先走了，各位明天見！」千萬不可以裝成像是要上廁所的樣子，默不作聲地離開公司。

一個充滿朝氣、幹勁十足的人，一定懂得隨時對人打招呼。此外，快接近下班的時候頻頻看鐘錶，這也是很忌諱的，因為這種行為像是在告訴別人，自己對工作的不耐煩。

請記著，一個能正視對方的眼睛、面帶笑容、聲音清亮地跟人打招呼的人，才能受眾人歡迎。一個連招呼都不會打的人難有成就事業的可能。

·接聽電話的禮儀

現代社會中，每天有許多事情都要透過電話來商談、詢問、通知、解決。在電話中，我們可以認識許多人，這些人和你可能未曾見面，或者很少見面，只因為在電話中接觸得多了，因此一聽到你的聲音，就對你產生了某種印象。這種印象可能好，也可能不好。印象好，他自然可以跟你多談幾句，很順利解決問題。印象不好，那麼，對不起，三言兩語就收線了。因此，雖然你面對的只是個沒有生命的設備，然而你必須能在想像中看見遠方那個接電話的人，好像面對他那樣。

有些人做不到這點，平時對人還不錯，可是一打電話就語氣單調，甚至粗聲粗氣，像吵架一樣，叫人聽起來很不愉快。

打電話時，由於對方完全看不見你的姿態、笑容、動作表情，因此你的善意、親切、好感，完全依靠你的語言和聲調來表達。

在平時，你的聲調不大好，對用言也不大講究，別人還可以看見你的態度舉止和你的面目表情。但在通話時，一切全靠聲音表達，所以你必須很小心地控制自己的聲調。讓你的聲調能夠溫暖地、親切地、舒適地、悅耳地傳達出你的友誼，同時，你的口齒也要清晰傳達出你談話的內容。

請注意，你的口要正對著話筒，你的口唇要離開話筒大約半寸，音量不要太大或太小，咬字要清楚，說話速度要比平時速度略微緩慢，必要時把重要的話重複兩次；提到時間、地點、數目字時一定要交代得非常仔細。

有時候，接電話的人並不是你想要找的人，你也要用非常友好的禮貌態度應對。因為他們也許是你朋友的朋友，也許是你朋友的家人、同事、助手……即使是朋友家的傭人或公司同事、總機，你也不應該心存怠慢。

．接待的禮儀

如果你是公司的女職員，不管是多麼嚴肅的場合，都要記得隨時面帶微笑和關心別人，充分發揮女性特有的溫柔婉約特質。

合乎禮節的行禮，必須是挺直背脊，然後從腰部做四十五度的彎身，此時兩手要從兩側移向大腿旁。如果是女職員，則把兩手移往兩腿的前方中央處，手掌輕輕地交疊。

行禮要平時多加練習，才不會生澀彆扭。不會行禮的人，是很難討人喜歡的。

談生意就像是激烈的競賽，必須全力以赴。因此，從業人員對客人的招待從行禮、詢問到引進、奉茶等有關事物，都不可以掉以輕心。

領客人到會客室，為客人開門和招待的方法，雖然並沒有什麼國際禮儀規範，不過平時自己就要訓練出一套適合自己、大方得體的方法。

·探病的禮儀

「天有不測風雲，人有旦夕禍福」，社交圈內，同事朋友患病或不幸傷殘在所難免，探望病人，亦應講究一定的禮節。

病人的心情好壞，對病情影響很大。當一個人孤獨地躺在病床上的時候，往往會感到愁悶而胡思亂想。因此這時候，友情與關懷對於病患尤其重要。

探望病人時，可根據病者的病情、嗜好、口味，酌量買一些水果、營養品或鮮花作為慰問禮物。

探望病人應選擇適當的時候，在不適宜的時候探病，容易給病人的治療帶來不便和不利。如嚴重的心臟病患者，危險期需要安靜地臥床搶救、治療，應保持情緒平穩，不宜出現情緒波動。這時若去探病，病者見到親朋，情緒極容易波動，或者因頻頻與探病的親友打招呼、應酬，而造成過度疲勞，對身體帶來嚴重的不良影響。

此外，探望病人要善加控制內心感情，不要在病人面前流露內心的哀傷，更不要在病人面前痛哭。也許你和病人的感情非常密切，而控制不住自己的哀傷，但是你必須牢記，你哀傷的情感會嚴重影響病人的心理，甚而加劇病情，嚴重地影響治療。

和病人交談時，應儘量談些使病人愉快的事情，不要給病人帶來憂慮和不安的消息，這是起碼的道德。交談的時間亦不宜過長，以免妨礙患者的休息或過多地消耗患者的精力。

對患者的親友，不僅要給予安慰，還應該盡一切力量，具體地幫助他們做一些力所能及的事情。

如果病人有更親密的親友或家屬在他身旁，探病要早些結束，以免妨礙他們之間的談話，或影響他們休息。如果病人另有朋友來探望，你也應該及早告辭。

告別時，要謝絕病人送行，以免影響病人治療。

當然，探病前別忘了先打聽醫院開放探病的時間。

．送別與辭行

送別，顧名思義，就是給遠行者送行。只要平日有交情，都可以給他送行，此舉不僅能增進彼此友誼，還能使人覺得你關心朋友、同事，將來一旦有機會重逢，雙方會益發親切。

社交上的送別，一般有以下幾種方式：最直接的一種，是親自陪同遠行者，在出發的那一天，一同到飛機場。在那裡，雙方可以話別一番，臨走時說「一路平安」的祝福，或者「一切保重」之類的安慰話。

送行時應該注意兩點：首先不可中途而止，應待對方辦好登機手續，離境之後才好離去。否則，便顯得你不夠誠意了。其次，盡可能幫忙你的朋友做些工作，如照顧行李之類。

如果實在抽不出時間來送行，可採取另一種做法。當得知某友人將要遠行，可以在他出發前，打個電話或親自到他家裡探望，並說明屆時自己因事纏身，不能親送。這樣，對方對你的誠摯之情，也會一樣感激，絕不會怪你冷淡寡情。

有些人在探望時還會帶一些禮物，它的份量可視自己和對方的情誼而定，但以具有紀念性者為佳，體積亦不宜太大。

此外，送別的另一形式是以酒宴餞行，一般是事先和遠行者約好，在他離開前夕，擇一天以酒宴共聚，可單獨舉行，也可以約一群朋友同事共同參與。

至於辭行者這方面，照例是不需要對朋友們餽送禮物，也用不著設宴來拜別的，他只需要通知一聲，讓朋友們知道他不久將有遠行。如果對方是摯友或長輩，還該到他們家裡去拜別，作遠行前的一次相聚。這不僅是社交上的禮貌，也是人情倫理。

第四章

辦公室人脈守則

・學會說「不」的藝術

在辦公室裡，必須要將自己的意見清清楚楚告訴對方，對自己做不到的工作和上司或同事過分的要求，一定要斷然說「不」。

在工作上並不是那麼容易說「不」的，由於你必須要盡力與人建立良好的人際關係，因此在可能範圍內，你應該儘量滿足對方的要求。可若是碰到真的做不到的事，還是必須堅定、斷然說「不」，如此才能博得他人的信賴。

有些人會覺得說不出口，其實只要對自己的能力及工作內容作出客觀判斷，一定能視情況大方拒絕對方的。

・常說「謝謝」

工作場所是大家集合在一起工作的地方，所以一定要處理好人際關係。公私不分、指使下屬做自己的私事便是違反職業倫理。

常會有上司要女職員去幫他買香煙、便當，甚至去排隊買車票。雖然委託的人很輕鬆，但是受人之託的這一方即使不願意也可能會顧忌對方是上司，而無法拒絕。命令下屬利用辦公時間去辦私人的事，這樣的主管實在沒有資格領導別人。

人際關係會因時間而變得互相習慣、熟悉，彼此越來越親密並不是壞事，卻容易因此而失去該有的距離，漸漸失去雙方應有的尊重。

在辦公室裡，人家端茶給你，幫你拿咖啡時，一定要記得說「謝謝」。因為無論多麼熟悉的人際關係也有潛在危機，這點一定要注意。

・讓別人聆聽的要訣

要說服別人，最重要的是熱情。如果沒有想讓對方完全領會、接受的強烈心意，最後一定會半途而廢、無功而返。但也並不是只要有熱情就足夠了，想讓對方願意聽下去，就必須在表達方式上下一點功夫。

有些人連自己做過的事也不能說明清楚。比如，只要說「昨天去哪裡，做了什麼事」就可以，他卻從「昨天身體很不舒服」之類不著邊際的話開始說起，聽的人因為一直都沒聽到重點，所以就不會認真聽。

拖拖拉拉的說話方式也不宜，不但讓人聽不出話中的條理，也會因語焉不詳而招致不必要的誤解。一次說完一句完整的話，讓對方完全瞭解，這種說話方式最好。

・如何提出建議

若想在工作上有效地提出建議，需注意以下三點：

1、當場直接說明。

2、舉出具體的問題、重點，給予指示。

3、不要感情用事。

當然，建議的時機與場所也很重要，如果特地把對方約到公司外面的咖啡廳，提出「從半年前我就開始一直注意……」一番話，只會讓對方覺得你很陰險。最好還是在當場即時地、率直地說出來，才是最聰明的做法。

建議與抱怨不同，要清楚地舉出具體的問題，並針對問題提出解決的方法。「你如果這麼做，這件事就會變成那樣，所以這樣做比較好。」如此分析道理，自然能讓對方接受，「為什麼做不到？」「你不想做嗎？」「看事情不要太天真了！」像這些抽象的、感情用事的說法，只會激起對方的反感，絕不適合在建議時使用。

以上三點當然也必須視情況不同而加以改變，靈活運用，研究如何建議才能點燃辦公室活力！

·避免在辦公室掉淚

女性在公司遇到不如意的事，通常會躲進洗手間裡，完全不顧周圍的狀況。「她蠻能幹的，可是情緒不太穩定。」如果周圍有人這麼說你，便是個危險信號。在工作時情緒不穩定，再怎麼努力都無法讓人肯定你的價值，反而覺得這種情緒化的工作態度，只會給同事添麻煩。所以要讓自己情緒穩定，一定要在平日訓練自我控制。

女性出錯時常自認是「小事一件，沒關係，人家會諒解的」。反觀男性在這方面就顯得嚴謹多了，男性有很多禁忌，比如，他們深知自己若因為一點點錯誤而哭泣，一定會被同事排擠、厭惡。所以，如果女性自己不破除男性與女性的性別意識，將永遠不會得到肯定。

・巧妙拒絕勸酒的方法

由於工作的關係，每個人多少都有與眾人同桌吃飯的機會，而許多人吃飯離不開酒；一喝了酒等於給自己壯膽，因此許多人經常會熱心地勸酒。

「來來，乾杯，乾杯！」「不行啦，我不行啦！」「沒什麼不行啦，反正喝醉了我會開車送你回家，不乾杯就是看不起人哦！」對於這種半帶威脅的口氣，有些人經驗較淺，臉皮薄，不敢得罪人，硬是勉強自己把酒喝下去，結果不是搞得頭昏腦脹，就是真的喝醉了當場出醜。

其實在這種情況下，你可以參考以下的對白來應付。

「我的酒性很差，酒一下肚立刻作怪，會鬧得天翻地覆。」「可能是遺傳吧，我一喝酒就會丟杯子、翻桌子，甚至還會打人哩！」這麼一來，膽小點的同事就不好再勸酒。

「真對不起，我對酒精過敏，一喝酒就會起疹子，全身發癢。」「我的胃常常痙攣，檢查的結果可能是胃潰瘍，醫生說要絕對禁酒。」對於喜歡找麻煩的同事，乾脆用一個具體的理由來拒絕。上面這兩種回答既不失禮，也不會給自己難堪。

▪與同事發生爭執時該怎麼辦？

同事間難免會有爭執、磨擦，若處理不當，可能會擴大事端，引發更多的問題；若處理得當，便能化火爆的爭執為冷靜的溝通，有助於問題的解決。

當然，這需要較高的智慧來解開僵局。

1、當同事哭泣時，表示你真心關切及協助的意願，但不要阻止他哭泣，因為哭泣也是緩和情緒的好方法。給他一些時間來恢復平靜，不要急著化解或施予壓力。

最後再問他哭泣的原因，如果他拒絕回答，也不必強求；若他說出不滿或委屈，只要傾聽、表示同情即可，千萬不要貿然下斷語，或憑自己喜惡提供解決的方法。

2、當同事憤怒時不要以憤怒回報，但也不用妥協。對自己的意見要堅持，並表明你希望先冷靜下來，再討論問題癥結。

之後詢問他生氣的原因，但不要長篇大論、東拉西扯。如果他後悔自己一時失態，你應表示自己毫不介意。

3、當同事冷漠對你時不要有任何臆測，你可以用不經意的態度問他「怎麼了」？如果他不理會，不妨以友善態度表示你想協助他。

如果他因感情或疾病等私人問題影響到工作情緒時，建議他找人談談或休假。

4、當同事不合作時，切勿一味指責對方或表示不滿，最好找個時間兩人好好談談。若對方因工作繁多無法配合，則可另再安排時間或找他人幫忙；但若是純粹的不合作，則更需多花時間溝通，尋找問題的癥結及解決辦法。切記：退一步海闊天空，說不定彼此還能因充分的溝通而化敵為友呢！

■辦公室應對的大忌

不經意的疏忽或不恰當的表現，常會讓辦公室內的氣氛和同事間的關係變得緊張、不自在，間接影響到工作效率。與其事後想方法補救，不如事前隨時提醒自己。辦公室應對時的禁忌有以下數點。

1、**切忌面無表情**。面無表情表示你漠不關心或毫無思考能力，這樣不但降低了說話者的興致，你還可能會因此減少了參與活動的機會。

2、**切忌坐立不安**。坐立不安表示不耐煩，對說話者不尊重。

3、**切忌把玩東西**。如此會讓人以為你不安或不耐煩。

4、**切忌打哈欠**。打哈欠是精神不振、做事不認真或不耐煩的表現。

5、**切忌眼神閃爍**。眼神恍惚、閃爍不定表示心神不寧、心胸狹窄，難免讓人無法信任或賦予重任。

6、**切忌直呼他人姓名**。不論與上司或同事的交情如何，在辦公室內仍要保持公司禮儀。但也有情況特殊的時候，仍要視公司內的氣氛或習慣而定。

7、**切忌不理不睬**。相互不理睬表示完全的封閉，很容易拉長與同事間的距離，加深彼此對立，對工作有負面影響。

8、**切忌常說對不起**。每有疏忽就只會說對不起，會讓上司以為你不負責任，沒有盡心盡力，所以還應積極地提出改進、補救的方法。

9、**切忌找藉口搪塞**。一碰到困難或麻煩的事就推三阻四、藉口多多，會給人害怕負責、無能的印象。尤其出了錯便找藉口搪塞，更會給人成不了大器的感覺。

10、**切忌當眾發作**。不管是受了何種委屈或挫折，當著眾人的面前發脾氣或者哭泣，都會讓人覺得你沒有擔當重任的能力。

・勿將私人感情帶到辦公室

現代人待在辦公室裡的時間很長，因而難免會在辦公室內抒發私人困擾。然而這麼做並不妥當，私人問題最好不要帶到辦公室。

因為當你說出自己的困擾時，往往使對方產生深刻的印象，縱使日後你的問題解決了，你的同事、上司可能仍無法忘懷，因而對你另眼看待（可能對你特別寬容客氣……），遇有決策時很可能不讓你參與了。

其次，你的訴苦或抱怨可能會成為對方的負擔，而且於事無補。若他將你的秘密告訴別人（不管他是對你好或是有意中傷你），不但對你沒有幫助，還可能造成他人對你的誤解。畢竟，屬於個人的困擾最好自己解決，縱使與公事有關。

尋求解決之道才是當務之急，與其坐而言何不起而行呢。

第五章
與上司建立穩固的人脈

·上司的類型

能與上司關係良好，自然是再稱心不過的事，如此既可以擁有和諧的工作關係，也可獲得賞識、器重、指點、提拔、升職、加薪……相反的，若與上司關係不和，而他又是一個喜歡報復的人，你便同「罪犯」一樣，所有權益均被中止或剝奪，甚至造成嚴重的精神壓力，影響身心健康。

上司眼中的你，可能是人事取向，也可能是工作取向。前者有人性、感情可言，後者卻只求效率和結果。所以，選上司就有如女人選丈夫一樣錯不得，否則小則工作不順心，大則前途盡毀。

總括來說，「上司」一般可分為以下類型：長者型、壓力型、義氣型、弱智型、冷感型、無常型、孤立型以及無恥型。遇到前四種上司算是你的運氣，遇到後四種上司可謂你的不幸。

1、**長者型**。又可稱為伯樂型。此類上司心胸廣闊，有過人氣度，願意提攜新人。此外，他們最欣賞有上進心、肯發奮的人，求才若渴，是最理想的上司。

這種上司非常有耐性，深識知人善任的道理，每每主動發掘下屬的才華與潛質，對於新人的過錯頗能諒解，體恤下情，因此通常會得到眾人讚美和尊重。此外，他們亦能糾正下屬的錯誤，讓他們明白自己的過失，是非常難能可貴的上司。

當然，這種上司為數甚少，若不是福星高照，恐怕很難遇上。若你的上司是長者型的人，那麼，切記要珍惜。

不過，長者型的上司也有不足之處，往往為拉攏下屬作為班底，對他們要求頗為嚴格。假如你是非常能幹的卓越之才，就要略為提防，因為他們也許會因為要留住人才而不擇手段，令你無法找尋新機會，創出新路子，永遠受制於他。

2、**壓力型**。跟隨壓力型的上司，你必須作好心理準備，隨時有神經衰弱、錯亂及崩潰的可能。故此，在入行前必須肯定自己能夠在壓力中工作，否則還是溜之大吉吧！這種上司通常面目嚴肅，不苟言笑，唯效率、績效是問。儘管他們也懂得慰勞軍心的技巧，卻仍不斷施予壓力，要求下屬一切做到最好，稍有差錯便開罵。

這種上司，基本上也是在此種環境中成長過來的，所以早已習慣在緊張氣氛下工作與生存，便不自覺地將這一套施加在他人身上。

初出茅廬者若遇到這種上司，往往有喘不過氣之感。不過，若你能克服種種困難，守得雲開見月明，你可能發現自己進步神速，隨時可有效地、獨立地應付任何工作，面對困難也不畏懼，面對壓力不害怕，從容不迫，應付自如。

你若遇上此類上司，其實也值得慶幸，因為你將來必定會有所成就。但假使你身體孱弱，不堪刺激，為著個人安危，避免有損身心健康，還是認命的退避三舍吧！

3、**義氣型：**若你只希望平安無事，明哲保身，那麼，義氣型的上司便是最理想的了。這種上司有一種特性，就是把屬下當作自己的親人，友善和關心程度令人咋舌。最明顯的是經常作東宴請屬下，一點也不吝嗇，是非常慷慨的上司。

另一方面，他們也不會過分要求屬下有突出表現，對人體貼入微，甚至是下級有點出錯也不加斥責，極力保持上司與下屬的良好關係。

他們往往亦是可開玩笑的對象，對過頭的話能一笑置之，毫不介意。遇有上層壓力時會一夫當關，自己承擔所有責任，毫不畏縮。

這種類型的上司，當然是好好先生或好好小姐，是人中好人，氣度不凡，充滿愛心。不過，人只有在壓力中才能突破自己，在這樣毫無壓迫感的環境工作，怎可訓練出超卓的人才呢！所以跟隨義氣型的上司，只能作為個人休養生息的過渡，養精蓄銳後便應勇往直前，另謀高就。

4、**弱智型**。追隨弱智型上司最大的好處，當然是可發掘個人潛能，表現工作能力和受到重視，是一個相當難得的訓練機會。因為上司無能之時，你必定要負擔許多工作及獨自解決難題，久而久之，你便可能成為部門中要員。

弱智型上司還有一個特點，會把所有工作分配給屬下。他可能是皇親國戚，或是有裙帶關係，往往會為了維護上司尊嚴而有自大的表現，甚至經常會將屬下意見和功勞歸於自己，不但毫不羞愧，還自以為領導有方哩。

所以，你可能會有委屈之感，或因上司的無能而憤憤不平，覺得自己比他更能勝任工作。在此勸你千萬要消除這種想法，相反的，你應該把握這個難得的機會作為個人工作訓練，在工作中盡力而認真地獨立處理問題。甚至，你可在有意無意間諮詢上司的意見，使他對你的工作表現感到滿意，同時因為你有禮的態度而使彼此關係更加融洽。

當你發現自己已有相當實力時，你便可另作打算，因為此型上司是不會給你升遷機會的，聰明的你自然知道個中因由。因此，不要妄想他們會提拔你，你反而應視他們為假想敵，終有一日會把他們打敗，超越他們的成就。

遇到以上四類上司，基本上是好壞參半，只要懂得順應環境作出適當改變，成功並非奢望。

以上四類型上司即使不會令你大展鴻圖，飛黃騰達，但也不具有侵犯性，對你的工作理應不會構成太大威脅。

但是以下四種上司就大為不妙。他們極具殺傷力，你還是避之為妙。

5、冷感型。冷感型的上司往往喜怒不形於色，性格難以捉摸，脾氣怪異，對任何事物無動於衷。他們日常話題只會圍繞工作，對其他事情毫不關心，對人際關係亦不加理會，是令屬下敬而遠之的人物。

與這種人為伍本來就沒有樂趣可言，作為其屬下就更加淒涼，因為你不會得到讚賞和指導，只會被當作機器使用。在這種上司眼中，辦公室內人際關係是非人化的，一切建立於功能與報酬關係，沒有個人和感情存在。

對於他們來說，效率和結果最重要。不論你身心情況怎樣，情緒如何變化，他們都漠不關心。這種上司每一句話都是有用的、直接的和絕對的，所以千萬別企圖為自己的失職找任何一個藉口，倒不如承認失職來得乾淨俐落。

假使初上班便跟隨這種上司，必須小心調節個人情緒，務求公私分明。要記住工作只是生活的一部分，在工餘時間必須把辦公室內的冷漠、壓力和不平等拋諸腦後，使自己回復常態，次日再投入工作。千萬別因此對自我及人際關係失去信心，因為這間接會影響到你的工作情緒、表現，從而意志消沉。

6、孤立型。此類型上司最大特點在於沒有任何附屬群體，往往沒有其他部門協助，更難獲得老闆的支援和讚賞，不過這種上司通常工作能力非常高，經常為公司立下很大功勞，所以能在職場中生存。

人際關係對他們來說是最弱的一環。所以這種上司不會善待你，他們也無心加害於你而已。但在工作上不要妄想他們會幫助你或指引你。

對你來說，跟隨這種上司最不利的，可能是被迫孤軍作戰——既不能獲得上司幫助，也不能得到其他同事合作。這無疑是孤立的領導人造就的工作環境和氣氛。

雖然如此，你其實也不用過分擔心和憂慮，人類是高度適應環境的動物，所謂物競天擇，適者生存，任何逆境只會驅使我們勇往直前。

7、無恥型。無恥型的上司往往令人想到濫用職權、壓榨屬下、搬弄是非、見利忘義之輩。他們表面可能凡事站在公司立場，與屬下抗衡，甚至剝削他們的權益，其實只是「食敵之糧」的計策——奪取他人的資源以壯大個人的力量。

較為常見的情況是，他們會運用職權，把屬下的成就歸於自己去邀功，使自己的事業更上一層樓。

當他們針對某些人時，便會處處壓制他、挑剔他，令他在公司內無立足之地，還會堂而皇之指出只是為公司利益，才迫不得已如此做法。

他們最擅長的是「說一套，做一套」，一點羞恥心也沒有。他們能言善辯，所以聽他們說話要加倍小心。

他們對於屬下一點也不刻薄，且表現親切友善，如同朋友般密切相處、異常融洽。所謂「糖衣毒藥」，正是這種人借用經濟學「物盡其用」的原理，儘量利用你的價值。

由於該型上司往往只針對人，以及喜歡損人利己，所以必須要和他保持良好關係，萬勿開罪，否則必自尋死路。

8、無常型。無常型也屬於無恥型，他們的侵略性、戰鬥性都比較弱，一般不具有攻擊性。通常是笑面迎人，態度可親，不過，這只是他的一面。具體一點來說，他們是雙面人，有雙重的性格且情緒化，言行矛盾，忽冷忽熱，搖擺不定，衝動起來就會旁若無人地大發脾氣，不能自制。

這種類型上司最麻煩的是要求前後不一致，時寬時緊，今天要這個，明日要那個，令人無所適從，不知所措。身為下屬就要捉摸他的脾性，或弄清影響其情緒變化的因素，再加以應付。

其實，只要你花點時間，搜集有關資料，經過細心分析後，必然能得到一點端倪。

・與難纏上司的相處方法

如果你正為著與上司相處的問題而煩惱，覺得對方總是批評你的工作，不管你如何努力討好他，他依然不斷找你的麻煩。請不要生氣，與難纏的上司相處須講究一點技巧。首先，先想想你的上司是否有以下表現：

1、要求你事無大小都要向他報告。

2、喜歡把不快悶在心裡，在你冷不防的時候，卻一一把它們提出來責備你。

3、對於同事之間的糾紛，表現出漠不關心的態度。

4、習慣率性而為，沒有理會到工作完成之先後次序。

5、無法接納人家的意見，卻要求你事事附和他的主張。

6、是一個小題大做的人。

7、習慣斤斤計較，很注意小節上的問題。

8、自以為是，目中無人。

如果你的上司有上述缺點，與他相處的時候，應注意採取以下態度：

1、不要總是發出怨言，也不要責怪任何人。

2、時常提醒自己，表現出希望與他積極解決問題的態度。

3、如果你的上司之上仍有上司，你不妨把自己的難處告訴他，尋求幫助。

4、讓上司明白一個事實：你是很認真與他討論問題，並盼望尋找出解決的方法來。

・學習欣賞你的上司

或許你覺得你的上司領導無方，無論大小事情都要依賴其他同事替他完成，他好像什麼事情也不會做，無奈卻是你的上司，令你十分生氣。你認為自己的工作能力遠勝過他，以致潛意識裡開始仇視他，對他的命令陽奉陰違，自己的精神也深受困擾，影響工作。

你要知道，凡事都有好壞兩方面，你是否忽略了上司的長處？以下是給你的一些忠告：

1、捫心自問，是不是有一些自己不懂得如何處理的事，有賴上司處理？

2、上司在日常工作的小節上，可能表現出很可笑的樣子。但他的心思意念會不會放在其他重要的事情上，如籌集發展的基金、對外開拓新市場等等。

3、客觀地想想他曾經達到的輝煌成就，或許你會發覺他並不是你想像中的那麼無能。學習欣賞對方的長處，是達成雙方合作的第一步。

4、「家家有本難念的經」，你的上司是否也有難言之隱？他可能也要取悅他的上司，很多事情都是身不由己的。

5、假如上司真的是敷衍塞責，不要因此而惱怒抱怨。相反的，這可能是一個自我表現的好機會。上司惡劣的工作態度，正好突出你的長處，或許因此而得到更上級的賞識，平步青雲呢！

．對上司要有耐性

很多屬下對自己的上司，都會有以下的批評：他的命運比我好，但辦事能力卻遠不及我，可恨他還作威作福，表現出不可一世的樣子，只懂得一味批評屬下的工作做得不好，一旦問題真正臨到頭上，他卻推卸責任，誰也無法從他那裡得到明確的指示。大家都認為他不是一位好上司，奈何在現實生活裡，每個職員都要服從他的命令，讓你感到很氣憤。但你要記住一個事實：沒有人是十全十美的，在辦公室裡與他人明爭暗鬥，弄得兩敗俱傷，不如努力與每一個人合作愉快，為日後美好的前途打好穩固的基礎。凡事「小不忍，則亂大謀」，你應該多檢討自己的態度，學習與辦公室裡的每一個人和睦度日。

不要妄想於短期內便可以完全改變上司的性格。良好的人際關係是需要慢慢建立的。儘管上司沒有要求你把過去的工作表現記錄拿給他看，你也可以把它們整理妥當，主動呈交給上司過目，讓他曉得你的工作能力，對他忠心耿耿，對方自然會對你日漸好感，也不會再盲目挑剔你。

在環境許可的情況下，請嘗試支援你的上司，站在他的立場想一想，你會發覺對方有許多不得已的苦衷，無論遇到任何工作上的疑難，也不可過份依賴上司的幫助，避免與他發生任何正面衝突。尊敬你的上司，你會發覺對方也開始接納你的意見。

・如何對付愛挑剔的上司

追求完美是人的天性，如果你的上司是一個完美主義者，要求你事事做到一百分，符合他的標準，根本不理會實際情況和個中的苦況，你可以採用以下的一些技巧：

1、當上司交給你一項任務時，你應該先問清楚他的要求、工作性質、最後完成的期限等等，避免彼此發生誤解，並儘量符合他的要求。

2、假如上司處處刁難你，可能是擔心你將來會取代他的位置，你應該盡自己最大的努力使他安心，讓他明白你是一個忠心的屬下，你可以主動提出定時向他報告的建議，讓上司完全瞭解你的工作情況。一旦獲得他的信任後，他便不會對你有太過分的要求。

3、如果上司是一個很重視小節的人，你要儘量避免犯任何錯誤。讓他對你產生信心，就算你日後犯了無心之過，他也不會過份責備你。

4、只要你願意費點心思，必定能獲得上司的好感。假若他不喜歡你處事的方式，你何必一意孤行。應嘗試以不同的方法，盡最大的努力與上司相處，如此你將發現上司並不是你想像中的不可理喻。

5、不要只看到上司的缺點，應努力發掘他的長處，並在適當的時機稱讚他。

．與上司化敵為友的秘訣

或許對你來說，上司是一個不可理喻的人。不管你如何努力向他解釋自己的處事方法，他一概不理，指定你要依照他的方法處事，只要是稍為拂逆他的意思，他便暴跳如雷，令你精神緊張，心煩意亂，對工作感到厭倦，甚至想以辭職作為無聲的抗議。

怎樣才能令這種頑固的上司改變態度，願意聆聽你的意見，彼此好好合作？以下秘訣，請你用耐性，按部就班一一嘗試。

1、不要以為自己的處事方式及建議一定正確。你與上司談話時語氣要溫和，態度要客觀，並多作讓步。

2、人人都有自己的意見，但是殊途同歸。大家都是把公司的利益奉為最重要考量，所以與上司和平共處，並使分歧的意見得到協調，是你的職責。

3、當你提出自己的要求和建議時，首先請冷靜地想想：究竟是誰需要誰的協助？誰是主？誰是副？

4、在一般情況下，儘量避免在辦公室跟上司展開激烈的爭辯，應該在下班後比較輕鬆的環境下，再把你的看法委婉地提出來。

5、你要專心聆聽上司的說法，避免搶先表達自己的意見，他可能也有難言之隱，你應該學會替人設身處地想一想。

6、摒除成見，不要預設上司必定是個難纏之人的立場，應儘量與他成為好朋友。

‧避免與上司發生爭執

還差五分鐘便到下班時間，你興致勃勃地把辦公室桌上的檔案整理妥當，與同事東拉西扯，開開玩笑。就在你準備下班的一剎那，你看見上司氣沖沖從辦公室走出來，把你剛才交給他的報告扔回桌上，當眾指出報告中的錯誤，還要你馬上把它修改妥當。

對於上司的無情，你感到又驚又怒，原本愉快的心情一掃而空，很想跟他大吵一頓，以發洩心中的怨憤。可是，請記住——上司永遠是上司，吃虧的永遠是你。

若想妥善處理上述情況，你要首先認清楚現實：

1、只要你有充足的自信心，沒有人可以用話刺傷你，令你產生屈辱感。

2、儘量避免與上司發生正面衝突，否則彼此的關係將會變得很惡劣，日後很難找到補救方法。

3、一個有修養且具有自信的人，絕不會像瘋子一樣罵人，或是反唇相譏，他會冷靜地面對棘手的問題。

4、你不妨考慮馬上離開，讓大家有一個安靜反省的機會。只要你能夠忍耐一點，你會發覺斥責你的是一個欠缺修養的人，不值得你氣惱。

．與上司建立融洽的關係

你也許很擔心自己會失業，因此對現在的工作感到很滿意，並希望獲得上司的賞識，每年都有升職加薪的機會，視這份工作為日後步上青雲路的踏腳石。但你不能把自己看扁，甘願被老闆凌辱，喪失自我，或認定金錢便是一切，為了金錢，為了在辦公室找到立足之地，不惜對上司阿諛奉承。

你的上司是一個怎樣的人？他可能很情緒化、無能、自以為是、獨裁、自私自利、對屬下很刻薄等等。他根本不體諒你的處境，時常要你超時工作，卻並不欣賞你所做的一切。奈何每天都要跟他緊密合作，使你精神緊張，覺得辦公室好比人間地獄。

其實人生的不幸與憂傷，大多是自尋煩惱，與人無關。只要你對自己說：「我不要受到他人的影響，我只為自己而活，我要成為自己生命的主宰。」誰也不能折磨你。

與上司好好相處的方法，萬變不離其宗，簡言之，有以下三點：

1、客觀衡量一下自己在公司的地位。雇主與雇員之間的關係，永遠建立在互利互惠之上，問問自己有什麼利於公司的長處，儘量在那方面發揮，不要陷入是非圈子裡。

2、無論何時何地，幫助上司解決疑難，盡自己所能把事情做好。

3、在適當的時機，說合適的話，做適合的事情。

・做個受上司歡迎的上班族

很多人常常慨歎運氣不濟，懷才不遇，終日自怨自艾，把自己視為受害者，敵視老闆，從不懂得自我鞭策，只是被動地等候好機會降臨，讓自己脫穎而出。

如果你希望成為人中鳳凰，得到上司的賞識，以下各點，你是否一一辦到？

1、當上司交待你處理一些你並不熟悉的工作時，要欣然應允，隨即尋找有關方面的資料，虛心請教有豐富經驗的同事。

2、發覺自己的工作量與薪酬不成正比的時候，要勇於向上司提出合理的要求。

3、要培養自己豐富的創造力，又能兼顧實際環境的需要。

4、就算上司對你的工作表現很欣賞，也不要在其他同事面前炫耀自己的成就。

5、不要介意超時工作，儘量保持工作成績。待人接物有原則而富紀律性，幫助有需要的同事，共同解決工作上的疑難。

6、無論遇到任何問題，要客觀分析它的成因與解決方法，處事英明果斷，以公司的利益為大前提，且不抹煞其他同事的功勞。

7、能接受新事物，嘗試以嶄新的方法處理工作，迎接挑戰，不要害怕失敗。

8、避免陷入辦公室的是非圈子裡，不要說任何同事的壞話，對於上司的態度要恭敬。

·與「管家婆」型上司的相處之道

有些上司喜歡以「管家婆」的姿態出現，事無大小，他都要過問，還會插手干預，令負責推行工作計畫的員工感到很苦惱。這種上司已到了過份專制的地步，他表面上似乎相當開明，也彷彿有一種「人盡其才，各就其位」的精神，實際上他才是所有工作幕後的策劃者，對他來說，他的意見就是命令，屬下只是他獲至某個結果的工具。如果你的上司是這類人物，你必會時常感到精神緊張，也很難從工作中獲得成就感。想與這樣一位上司好好相處，不妨嘗試說服他以你自己的方法處理，結果也會像他所預期中的美好。如果他一意孤行，你只有兩個選擇：對上司唯命是從，或是向他遞出辭呈，另謀發展。

不過，在你採取最後行動之前，應努力爭取自己的權益，鼓起勇氣對上司說出自己心中的話，嘗試以朋友相待，看看他究竟有什麼反應。須知你上司也是一個普通人，也很需要人家肯定他的價值與成就。如果他對所有事情都表現出不放心的態度，你要想辦法令他感到安心，最好的策略莫如主動向他報告你的工作進展情況，讓他對一切瞭若指掌，心情自然輕鬆，對你也不再虎視眈眈，大家合作會日趨愉快。

．與火爆型上司的相處之道

如果你的上司是一個容易大發雷霆的暴君，你又想繼續在公司發展，便不能以硬碰硬的態度相待，你要學習如何緩和他的怒氣，同時主動去保護自己的權益與意見，而不是一味地受制於人，情緒隨著上司的好惡而波動。

你的上司性情火爆，動不動便對屬下破口大罵，這可能表示他是一個對自己的事業發展十分重視，甚至給自己很大壓力的人。不過他卻對自己必須倚重的下屬缺乏信心，他總是擔心屬下做得不好，認為屬下無法辦妥交辦事項，所以他會隨時隨地對人咆哮或大聲叫罵。他認為：「也許我把自己的意思大聲地說出來，對方會聽得更清楚，也不致忘記我的命令。」引起上司生氣的原因不勝枚舉，假如你能夠瞭解到上司也有難言之隱，他是擔心不能如期妥善完成工作，由於一時的恐懼而失去心理平衡，惟有胡亂向周圍的人「開火」。明白這一點，往後你即使與這樣的上司相處，也會覺得十分輕鬆自然。

如果你的上司是一個「暴君」，你必須要讓他曉得你會依從他的指示，而且完全明白他的意思，甚至在他還未向你叫喊以前，你便主動告訴他工作進展十分順利。你與其視他如洪水猛獸，不如主動跟上司說：「有關這項工作的推行計畫，我已完全想好，待我整理好，後天便能交給你。」

．效率是成功之本

資訊社會是個凡事講究效率的世界，如果你是個做事慢吞吞的人，經常無法提高效率，無論你心地如何善良，或工作態度如何認真，上司也不會看重你。一旦被人認定是慢吞吞的懶惰蟲，只會說恭維奉承的話，愛發牢騷等，那麼你就永遠無法翻身了。

上司委託你辦的事，如能順利完成之後主動問上司：「讓我再做些什麼？」這樣，積極主動自己找事做，相信上司一定會喜歡你。

上司委託你辦的事，倘若無法做完，又被上司催促說：「喂！那件事做完了，再做這件！」處在被催促的狀況下，你可能會心想：「哼！我這件事還沒做完，怎麼又命令我做別的事。」甚至發牢騷，心中的不平已全然表現在臉上，上司當然也會感受到異樣，如此，你就不可能得到上司賞識了。

．做個善解人意的下屬

職場裡的一大特色便是看臉色辦事。當然，這種情形不限於工作的進行，公司內的人際關係亦是如此。特別是與上司相處的時候，絕對不可缺少「心領神會」的用心，特別是身為女秘書更應如此。

有些事情上司嘴裡雖沒有說出來，但身為部下，應該設法察知他的心意，亦即所謂的「善解人意」。為了做到這一點，平時應儘量收集、注意有關上司的愛好、習慣、工作方法、思維方式等訊息。

‧與上司相處不可居功

也許你以為與上司多接觸會增進友誼，容易升遷，其實不然。與上司接觸過頻繁好處並不多，尤其要避免和上司一起出差。

例如，你用餐姿態不夠優雅，或接聽電話不禮貌這些原來在辦公室裡沒有被上司發現的缺點，透過形影不離的單獨接觸，都被上司看到了。等到出差結束，他對你的態度可能會有一百八十度的大轉變。

經常聽到一些上司評論部屬：「我原以為不錯的，一起出差後才知道他的為人。」這往往都是和上司單獨接觸過多的結果。

與上司一起出差，你盡心盡力，可是上司一旦發現了你的缺點，不管你多麼殷勤，他還是會記住那些缺點的。加上旅途勞累，工作上遇到困難，內心的不滿一再累積，就可能對你產生反感，其後果可能不堪設想。

好東西每一個人都喜歡，愈是好吃的東西，愈捨不得讓給別人，此乃人之常情。沒有人喜歡吃人家剩下來的東西，也沒有人喜歡吃不好吃的東西。

對於工作上的利益，也是這樣。工作順利完成，如果你明智的話，要把功勞讓給上司。

也許你會說：「我自己立下的汗馬功勞，何必讓給上司呢？」大家都不願意把功勞讓給別人，但是把功勞讓給上司才是明智之舉。

如果你真的有能力，那麼你立功的機會還很多。如果你將功勞讓給上司，在這個多數人都爭相居功的社會裡，上司一定會感激你，並對你產生好感。

受到你禮讓的上司，心中會產生「我欠了此人一份人情」的感覺，上司總有一天會設法還你這筆人情債，同時也會給你再次立功的機會。這對你來說，絕對是好事。

但是，你把功勞讓給上司的事，絕不可以對外宣傳，否則你的善意將化為零。

・多與上司溝通

你是不是常常向上司詢問有關工作上的事，或者是自身的問題，有沒有跟他一起商量過？如果沒有，從今天起，你應改變態度，儘量地發問。部下向上司請教，是理所當然，千萬不要想：「我這樣問，對方會不會笑我？我是不是很丟臉？」如果你這樣想，那就太多慮了。

有心的上司，都很希望部下來請教他。部下會來請教，就表示他在工作上有不明白之處，而上司能夠解答，才能減少錯誤，上司也能放心。

如果你假裝什麼都懂，什麼都不問，上司會擔心：「奇怪，這個人對工作是不是真正瞭解了呢？」你應先主動去問：「關於這件事，這個地方我不太瞭解。」或「這一點是不是可以這樣解釋？不知經理的意見如何？」上司一定會很高興的指點你，將你設想不到的地方加以補充，並糾正不對的地方。

說到商量，假如你有迷惑不解和苦惱的私事，也應儘量向上司提出，彼此商量。

如果你跟他商量時，會麻煩到對方，你得要說一聲：「對不起！」對任何協助過你的人，你一定要向他道謝，這是很重要的。

「請教」和「商量」，都不必感到不好意思，如果你提出問題，或有事跟上司商量，相信任何一位上司都會接受。不過，有關金錢的事，最好不要提出。除了金錢以外，任何事都可以討論，諸如工作上的難題，家中的困擾，男女感情的苦惱等。

要使上司器重自己，應儘量接近上司，建立彼此毫無隔閡的溝通關係。只有如此，你才真正能夠取得上司的信賴。

・喝酒聚會不失分寸

與上司一起喝酒聚會，是員工日常工作的一部分。尤其是當上司主動邀請你喝酒時，若斷然拒絕，很可能會引起上司的不快。在喝酒場合態度不必過於拘謹，選擇輕鬆而能夠引起上司愉快情緒的話題最為合適。言辭方面，儘量幽默、輕鬆，但別失了分寸。

與上司一起喝酒，通常是由上司請客，一般人都把這種情形視為理所當然。如果你一味搶著付賬，反而顯得失禮。

點菜的事可請上司全權處理，除非有特別的喜惡或避諱，否則順從上司選擇。假如上司要你選擇自己的餐點，應注意花費不可超過上司所點的菜餚。

如果前一天與上司一起喝多了酒，隔日千萬別因為醉酒而打電話請假，這樣上司會認定你能力不足。如果你第二天仍能神采奕奕地照常上班，必然會使上司刮目相看。

．如何獲得上司的賞識

有時候工作一忙，往往會把上司交代要處理的某件工作忘得一乾二淨。此時，除了規規矩矩向上司道歉之外，別無他途。若因為一時提不起勇氣認錯而置之不管，反而會使事情更加糟糕，最後吃苦頭的還是你自己。

道歉時，若臉上掛著虛偽的笑容，或強詞奪理地尋找各種藉口，必然會使對方更加惱火，倒不如乾脆以謙虛的態度，承認這是因為自己一時不慎而犯下的錯誤。

但是這種情形只許一次，下不為例。如果三番兩次地重蹈覆轍，那麼任憑你如何賠禮，也難以挽回上司對你的不滿。

上司用人的一條重要原則是知人善任。你怎樣才能讓上司發現你是個人才呢？這裡有五種方法。

1、讓上司認為你常有好主意。如果上司徵求你的意見，而你總拿不出什麼好主意，那他就不會再麻煩你了，而你也會因此失去升遷的機會。你不但要有問必答，而且要言之有物，還要在適當的時候勇於進言。進言時，應言之有理、言之有據，不可為炫耀自己而有意唱反調。

2、盡自己最大的努力去協助你的上司解決他所遇到的難題。

3、明白地表示，你隨時都可以接受任何特別的任務，並讓你的上司知道你每天在做些什麼。

4、強調你的個性、你對形勢的觀察，應當立足於事實，而不是個人的偏見。在處理事情時，應儘量避免受個人的情緒影響。

5、如果你與上司或同事發生意見分歧，要盡力去說服對方，達成統一的意見。如果說服不了，也千萬不要固執己見，這樣你才會有好的人緣，一旦有晉升機會，上司和同事都會優先考慮你。

‧據理力爭，作風務實

在一般員工心目中，沒有什麼比遇到一個愛挑剔的上司更令人沮喪的事了。下班後回到家裡，你可能依然怒氣未消，皺著眉，並遷怒周圍的人。可是，靜心想一想，他們得罪你了嗎？毫無疑問，答案是否定的。你對親人肆意放縱，是治標不治本的愚蠢行為。

正視問題，嘗試與你的上司好好相處，對事而不對人，學會不把公事煩惱帶回家，針對不同的人持不同的態度。例如，老闆無理取鬧的時候，你應當據理力爭，抱著「我錯了會承認，不是我的錯而要我認錯，恕難照辦」的態度，你會工作得快樂一點。

上司故意跟你過不去，處處刁難你的原因，實在不勝枚舉，有基於妒忌、自私、偏見等心理因素，你也不必深究，想法子對付那些根本不講理的上司才是當務之急。

想獲得別人的尊重，首先你要自愛和言行一致，處事有原則，人家自然不敢小看你，就算上司也不例外。

你只要把自己份內的工作完成，切勿斤斤計較。並在開始著手做事以前，先弄清老闆的要求與期望，作風務實，自然就能減少出錯的機會。此外，在老闆責問你的時候，你先不必著急替自己辯護，應堅定地看著對方，以冷靜的態度面對老板的挑剔，態度不卑不亢，你將會發覺他會對你越來越客氣。

・與上司建立私人交情

和上司建立關係的最佳途徑，莫過於拜訪上司的家，這一點說起來相當微妙。在眾多部屬中，上司對來過自己家中的職員印象最深，亦特別親切，或許是因為彼此看見對方工作以外的另一面，而在無形中互相產生更深一層的瞭解。

但是你總不能無故地跑去按上司家的門鈴，假使上司從來不曾開口邀請，又如何製造登門拜訪的機會呢？例如，下班時，在不露痕跡的情形下和上司一起走。

此時上司多會順口問：「你住在哪裡？」答完這個問題後，可趁機反問：「您呢？」上司回答後，多會順口又附上一句：「哪天有空到我家坐坐吧！」上司此話出口，你便有了登門的理由了。

拜訪時，應遵守下列幾項原則，才能算是真正成功的拜訪。例如，聽說上司的兒女結婚或金榜題名，向其道賀恭喜是人之常情。

1、為了合乎禮數，應事先設法打聽有關上司及其家屬的相關情報，最好連家族成員的年齡、愛好也一併包括在內。

2、送禮不宜贈送過於名貴的禮物。平日來往要謹守分寸，以免招來莫須有的罪名。

3、不可停留太久，最多兩個鐘頭即要告辭。

4、如果約好時間，一定不能遲到。

5、應送些家鄉土特產之類。

6、若被留下吃飯，應不忘表示其菜可口。當然，回去前須記得向上司太太道謝致意。

7、第二天到公司時，務必再次向上司謝謝他昨天的招待。

．充實自己，獲得好評

你既然身為下屬，對上司交代的工作就必須盡力執行，並努力取得成果。因為屬下的工作表現，也直接關係到上司能否實現主管部門的工作目標。倘若目標沒有實現，上司首先要負責任。

所以，既要培養你的自我實力，又要完成上司的要求，以得到他的好評，你就應該注意以下六點：

1、遵照上司的指示，儘快執行交付的任務，並適時彙報工作進度。工作結束時，立即做出總結報告。

2、上司交代的工作如難以執行，雖然可以質疑或提出個人意見，但對上司已決定的事仍要服從執行。

3、主管上司是所屬部門的代表，如你收到更高階層的直接命令，也應該呈報給主管部門知道，然後再依上司命令執行任務，切不可擅自行動。

4、你的上司也是人生經歷豐富的前輩。你要對他表示敬意，誠心聽取他過去的寶貴經驗及心得。

5、你若對上司的為人和作風有所不滿，切忌急躁，要用和緩的方式提醒他，並盡可能發現他的優點，謙虛地請求賜教。

6、在你的團隊裡，要避免過分的私人深交，以免生出無謂的謠言。

．謙虛有禮，無往不利

儘管有些上司、主管不一定都如你一樣注重禮儀，他們往往對自己比較放任，而對下屬的行為則是雞蛋裡挑骨頭般地苛刻。所以你要合乎禮儀地對待上司，努力使自己的行為不悖禮節。

以下是你要注意的禮儀：

1、早點上班，萬不可遲到早退，或做出給上司增添麻煩的事。

2、用親切明朗的聲音與同事打招呼。

3、進入上司辦公室前先將服裝整理好，房門若是關著，先輕輕敲門，經同意進入後再開門。離開時要隨手關上門。

4、離開座位時要把椅子收放好。

5、工作時若要呼喚某人，要尊稱其姓氏職稱，並等對方轉過臉看著你再開始談話。

6、工作時議論事情，聲音的大小要能讓對方聽清即可，內容簡單明晰。

7、離開辦公桌時，資料、賬簿要一一收好。

8、外出辦事要徵得上司的同意，要將去處、辦什麼事、預定幾時回來等，告知上司。

9、辦公室的公用文具、圖書、報紙等，用完後務必歸還原位。

10、下班或外出時，不但桌面上要整潔，桌下及抽屜裡也要收拾乾淨。

11、離開時，要向還留在辦公室的上司打招呼，然後再離去。

12、接聽電話時回答要周到，有禮貌。

13、休息時，不要與人談論上司或同事的私事。

14、不要把與工作無關的私人物品長久地放在公司裡。

・注意細節，善體人意

與上司和往來客戶一起搭車或赴餐廳時，必須留意席座的安排。懂禮貌的人不用別人指點，就會正確地選擇與自己身份相稱的座位。

在汽車裡，後座右側為上席，司機旁為末座。對後座而言，中央位置是末席。上車時，最好請上司和客戶從右側門上車，自己從左側門上車。

在火車裡，靠窗的席位為上席，靠通道的座位為末席。席位相對者，上下順序依序為：與行駛方向相同的靠窗位，與行駛方向相反的靠窗位，與行駛方向相同的通道位，與行駛方向相反的通道位。

在客廳或接待室，離門口最遠者為上席。座椅方面，沙發是上席，其他依次序是有背椅、普通板凳。

如果你想獲得上司喜愛，一定要注意這些細節。

‧對上司適度表示謝意

「謝謝」可用在他人對你有利的行為之先，也可用在他人行為之後。如果在他人行為之後，那麼這種「謝謝」就是一種出自內心的回報。因而，身為下屬，在與上司初次見面時要好好運用「謝謝」一詞。

一走進上司的辦公室，你就應表示「謝謝您抽出寶貴時間來接見我」，這種「謝謝」應該是發自內心的，是對上司同意接待你這一行為的回報。當上司關心地問起你的家庭情況，你也應表示「謝謝」，這是一種對上司關心的回報。當上司關心地問起你的生活作息、宿舍整理等是否需要幫助時，你應表示「謝謝」，這是一種謝絕。

交談結束時，你還要說一聲「謝謝您今天對我的啟發」，以作為對上司的報答，「謝謝」兩字能表達你尊重上司的好意。

第六章
與同事建立和諧的關係

·真誠待人

與同事相處，應當真誠，當他需要你的意見時，你不要一味給他戴高帽；當他遇到工作上的疑難時，你要盡心盡力予以援助，而不是冷眼旁觀，甚至落井下石；當他無意中冒犯了你，又忘記跟你說對不起時，你要抱著「大人不記小人過」的心情原諒他。他有求於你時，也應毫不猶豫地幫助他。

也許你會問：「為什麼我要對他這麼好？」答案很簡單，因為他是你的同事，你每天有三分之一的時間跟他們在一起，你能否從工作中獲得快樂與滿足？能否投入工作、敬業樂業？同事們扮演很重要的角色。試想，當你在辦公室裡，發覺人人對你視若無睹，沒有人願意跟你講話，也沒有人願意向你傾吐工作中的苦與樂，你還會樂在工作嗎？如果你覺得與同事相處很困難，請仔細閱讀以下建議，相信你能從中獲得所需要的啟示。

1、當對方有意無意表示自己有多能幹、怎樣獲得上司的信任時，切勿妒忌他，你應該誠心誠意欣賞對方的長處。

2、當大家趁著上司不在，聚在一起聊天的時候，你應該暫時放下工作，去跟他們開些無傷大雅的玩笑，讓同事感覺你是他們的一份子。

3、不要隨便把同事告訴你的話轉告上司，否則你很容易被視為奸細，大家會聯合起來對付你。

辦公室，其實就是社會的縮影。在這個小社會裡，人與人之間的關係可以很複雜，也可以很單純，這完全要看你如何表現自己。

一般人似乎都很容易把注意力集中於和上司相處的技巧上，對於那些職位比自己低微的同事，如總機、接待員等，動不動就表現出不耐煩的表情，甚至肆意責罵，把自己心中的悶氣全然發洩在對方身上，根本沒有考慮到對方的感受。上述種種，你是否也曾犯過？亦或曾身受其害，很清楚被人隨意指使、無理取鬧所受的委屈。一個在辦公室裡如魚得水、威風八面的人，應該懂得人人平等的道理，就算自己的職位比別人高，也不應狂妄與驕傲，須知風水輪流轉，尊重別人，就是尊重自己。

無疑地，你的屬下有責任助你完成工作，事無大小，你都可以交給他處理，但如果你能將一些較繁瑣、困難的工作，獨自完成，讓屬下有更充裕的時間做好其分內的事務，對方必會感激不盡，對你更忠心。上司與下屬的關係，惟有以互信互諒為基礎，合作無間，工作才會變得輕鬆而富有意義。

視下屬如知己良朋，而不是自己的奴僕，經常徵詢對方的意見，接受他人的批評指教，消除彼此心中的隔閡，如此下屬做起事來，必會格外賣力。

·不要交淺言深

人與人相處，最忌交淺言深。這種情形發生在辦公室，所造成的負面影響不容忽視。

最常見的情況，是你剛來到一個新的工作環境，同事對你表示友善而歡迎的態度，大家一起外出午膳，有說有笑，無所不談。但其中一名同事可能跟你最談得來，樂意把公司的種種問題，及每一位同事的性格都說給你聽。你本來對公司的人事一無所知，自然也很珍惜這樣一位「知無不言，言無不盡」的同事，彼此顯得相當投契，你開始視對方為知己，並將平時看到什麼不順眼、不服氣的事情，也與這位同事傾吐，甚至批評其他同事不是之處，藉以發洩心中的悶氣。

如果對方是你永遠的忠心支持者，問題自然不大，但是「來說是非者，便是是非人」，你瞭解這位同事有多少？你怎麼知道你與對方不過數月的交情，會比他與其他同事的感情來得深厚？為這一時之快，你把不該說的話說出來，對方手上便有了一張王牌，隨時隨地都可以加害你，把你曾批評過其他同事的話公之於世，那時你在公司還有立足之地嗎？因此，必須懂得與同事保持一段距離，凡事採取中庸之道，適可而止，在別人面前不要顯露衝動的言行，學習做個聆聽者。

「人不犯我，我不犯人」，公平對待每一位同事，避免建立任何小圈子，對謠言一笑置之，深藏不露，如此你才能成為辦公室中的生存者，而非受害者。

‧成功主管的技巧

人人都希望升職加薪，若上司提拔你，你由一個小職員升為他的得力助手，不但薪水大大提高，以前與你有說有笑的同事，如今也變成你的下屬，你可以隨意吩咐他們做事情，這當然是件愜意的事。

面對這種突如其來的轉變，你或許會感到手足無措，尤其是你不知道應如何與其他同事相處。他們可能會妒忌你，對你投以敵視的眼神，且不願意與你合作。

其實只要你運用一點技巧，態度正確，大家一定會接受你，不會永遠跟你作對的。與其終日愁眉不展，心思亂作一團，不如把精神集中應付你的新工作，把自己的責任清楚列在紙上，仔細計畫工作進度大綱，給下屬分配工作。

你的態度必須公正，不可存有私心，讓你的屬下工作比重人人相等，不要把責任集中於某一人身上。

你要明白一個事實：你獲得升職的原因，是由於工作表現良好，所以讓屬下尊敬你的方法，便是讓他們覺得自己也有晉升的機會。在分配工作時，使每個人都能獲得一些新工作或挑戰，給予屬下自我表現的良機。

你應該與別人分享自己的快樂，不可自滿，不要以為自己很了不起，所以才獲得上司賞識。不妨經常請同事聚一聚，既能促進感情，又讓人覺得你容易相處。

將你新工作的計畫清楚說明，不要故弄玄虛，把微不足道的事情也當成秘密，如此將很難獲得屬下對你的信任。

‧豁達的情操

當你在公司的地位突然受到新來的同事威脅時，你要如何應付？由於上司特別重用你，以致引來其他同事的敵視眼光時，你會有什麼反應？一位素來跟你很談得來的同事，不知何故對你若即若離，故意把你冷落一旁時，你會怎麼辦？你對某位同事的才能與際遇十分妒忌，命運之神似乎特別眷顧他，你實在心有不甘，但上司偏偏提拔他，你應該怎樣扭轉劣勢？

事實上，如果你要認真計較的話，每天在辦公室裡隨便都可找出令你不快的事情，如被人誣害、同事犯錯連累了你、受人冷言熱諷等等。也許你不便當下發作，便暗自把這些事情記在心裡，伺機報復。但這種仇恨心理，往往不會損害對方分毫，卻只會影響你自己的情緒。

因此，最好的方法是不管同事怎樣冒犯你，或者你們之間產生什麼矛盾，都以「得饒人處且饒人」，「多一事，不如少一事」，「退一步海闊天空」來淡化處理，以豁達的態度面對一切不愉快，才是上上之策！

・下指令的技巧

在你忙得喘不過氣時，當然希望有人能助你一臂之力，但一想到你可能要花更多的時間向屬下解釋你的工作，你是否因此打消求人的念頭，事無大小親力親為，以致自己成為全公司最忙碌的人？不管你擔任何種職位的工作，當你說出自己的要求與指示的時候，如何才能令屬下對你言聽計從，成為你真正的好幫手。很多時候，屬下誤解你的意思，往往並非對你心不在焉，或是缺乏理解能力，責任可能在你自己身上，因為你缺乏發出指令的技巧，才導致誤會產生。

這裡有一些建議，只要你遵照實行，相信你與屬下便能合作無間，融洽相處，發揮工作的最大效果。

雖然對方是你的屬下，你要記住自己並沒有什麼了不起，千萬不要抱著狹隘的觀念，請把你的指令儘量以和顏悅色的態度說出來，使它變成一種討論，甚至是請求。在交付工作之際，你要避免跟對方閒扯，應該言歸正傳，並用大家所熟悉的用語簡明地講出你的意思，或希望工作達到怎樣的效果，同時解釋你為何需要對方那樣做，如此對工作有什麼重要的影響等等。很多上司一味吩咐屬下該怎樣怎樣，卻忽略對方的感受，把他人當作一部只聽從指令的電腦，使得屬下一知半解，很容易犯錯誤。

雖然你的時間很寶貴，但你講完指示後，切記不要立刻走開，請稍微在屬下身旁停留一下，傾聽他的發問，也激發他的士氣，讓對方曉得你跟他一樣朝著這個工作目標而努力。如此以身作則，才能使事情進行得更順利，你的指令也才能落實執行。

·如何與公司的前輩相處

對於公司內新進員工來說，除了工作上的生疏之外，如何應付老員工也是令人頭痛的難題之一。老員工欺負新員工的情形屢見不鮮，尤其是和那種喜歡以老賣老、嘴巴又愛嘮叨的人同在一個單位工作。此時你該如何自處呢？身為一個新來的員工，對於資歷較深的同仁應以敬重、客氣的態度對待。在大家聚會時，別忘了趁機表示敬重之意。這麼做，在工作和人際關係上都有好處。但是不管對方的年齡多長、派頭多大，在公司裡的關係終歸是同事，因此必須與對待上司的態度有所不同。在工作上，要懂得多向前輩請教，多與前輩商量，也不可因對方職位不高或生性老實而態度輕率。

・勿與人結仇

在職場中難免會遇到一些對你不友善的人。以德報怨，化敵為友，是面對那些想讓你難堪的卑鄙小人時，所採取的最佳上策。這樣做，雖然不能解決那些卑鄙、病態的人，但至少可以使他停止散佈有關你的謊言。

事實上，那些會處心積慮攻擊你、故意與你對立、設法捉弄你的人，都是對自己處境不滿的人。因為精神上的不平衡，使他將氣憤發洩到你的身上。由於不成熟，以至於無法認清自身問題所在。這種人既可悲又可恨，也是軟弱、空虛的人，更是生活中的失敗者。

所以，當你遭到人身攻擊時，請提醒自己：「我不必理會這種小人所做的種種卑鄙齷齪的舉動。」

・勿搬弄是非

在與上司或同事一起聚會的場合，經常可以聽到許多閒言閒語、是是非非。不管是不是事實，你都必須充耳不聞，更不可以有樣學樣，加入批評陣容。

有一種比較特殊的情形是，有些同事平時個性嚴謹，卻在酒酣耳熱時疏忽說溜了嘴。由於這類談話的內容以真實居多，不妨把它當成重要情報牢記於心，但是切忌再把它們傳出去。

此外，若聽到任何中傷公司或上司的訊息，切記不要將它們再洩露出去。

・積極主動

新員工想要出頭很不容易，必須付出比老員工更多的心力。這裡，提供一種能幫助你迅速脫穎而出的好辦法——積極主動地去做老員工不願意做的事。

「讓我來做」、「有什麼可以效力的地方嗎？」都是表示主動的方法。尤其是對一些沒人願意做的事，如果你肯率先去做，不僅可以收到拋磚引玉之效，更可為自己博得良好的評價。

但是要提醒你：絕對避免露出明顯的邀功態度，盡可能做得漂亮不留痕跡。不要抱著急功近利的心態從事工作，你應該把它們當成磨煉自己的機會，發自內心地、心甘情願去做。

・替對方留餘地

當別人要求協助時，難免會遇到自己力不從心的情況，這個時候你應該如何拒絕呢？聰明的做法是——絕對不能傷害對方的自尊。即使心中認定那種事情我根本做不到，亦不可輕率地說出。因為對方很可能是在萬不得已的情況下才會請你幫忙，其心情多半是既無奈而又感到不好意思。

無論如何，先別急著拒絕對方，務必耐心從頭到尾仔細聽完對方的要求後，再表示「你的情形我瞭解」或「非常抱歉」，然後提出自己無法幫忙的理由。

這些理由或許是出自自己的判斷，或許是與你目前所處的狀況有關，都必須向對方加以說明清楚，以便取得對方諒解。

．做個值得信賴的人

處理同事間的人際關係，最重要的就是取得對方的信賴。讓別人信賴你，一方面可以避免別人對你的言行產生誤解，另一方面則有利於你的工作。

什麼樣的態度最容易取得別人的信賴呢？有以下三秘訣：

1、**傾聽對方談話**。訓練口才不易，訓練自己成為一名好聽眾更為不容易，尤其是當對方滔滔不絕地向你訴苦或談論個人問題時，總難免令人感到十分不耐煩。但無論如何，請拿出你的耐心，認真聆聽同事說話。

2、**言行一致**。即使同事委託你處理瑣碎事情也不能掉以輕心，如有任何言行不一的情形出現，都會破壞同事對你的信賴。

3、**對同事一視同仁**。只和才幹優秀或氣味相投的同事親近，而冷落他人的做法，往往會在無形中影響到同事對你的信賴程度。

4、**儘量少打私人電話**。任何工作場所都會要求職員不要打私人電話。有些人會讓親朋好友打電話給他，認為這樣就有好理由了。其實這麼做不但會影響你工作的效率，也有損別人對你的印象，甚至老闆會認為你貪他的小便宜，佔用工作時間，讓你貼上工作不專心、缺乏敬業精神的標籤，如此將嚴重影響你在職場中的發展。

・樂於助人受人歡迎

在公司裡，由於分工合作的制度，往往只能接觸有限的工作範圍。因此當別人拜託你為他分擔工作的時候，也就等於提供你一次最佳的學習機會，使你能夠涉獵以往沒有機會接觸的事物。

即使是一些微不足道的小事，也可能令你獲益良多。例如，上司要你查一個專業名詞，這時候，除了查閱該名詞之外，還可順便找出相關用語，作成一覽表，無形中可獲得不少新知識。

雖然這些事情全是以工作為出發點，但是對於樂意幫助他人的人而言，任何資訊都能產生新的創意。所以，樂於幫助別人，不但能使你快速成長，也能使你成為受同事喜歡的人。

·關係不好先檢討自己

一旦在工作上與同事關係處理得不好，大部分人都會怪罪到對方不好相處，但是一味地責怪對方，會使得同事之間的關係更加緊張。

其實人與人之間的關係是互相的，在處理與同事的關係時，不妨隨時檢討一下自己。

有個員工一而再地換工作，他一心要找尋適合自己的環境。他說：「我上班時，整天聽別人對我發牢騷、抱怨、批評、喊不平，害得我晚上也因此情緒受到干擾，所以我只好換地方。但是，不管換到哪個公司結果都一樣，只是換湯不換藥。後來我終於發現，問題在於我，而不在於他們。我現在開始面對問題，我想我可以處理得很好。」這個例子告訴我們，凡事先檢討自己，對處理同事關係會收到意想不到的效果。

·察言觀色，瞭解他人

每一個人都是你的一面鏡子，能反映出你的表情與心態，因此非常重要的一點是：從對方的表情、態度便可以察覺出自己的缺點和優點。由反省開始，進而改變自己的缺點，凡事先要求自己。

身為公司中的一名員工，難免會碰到看你不順眼的人。難以相處和令人討厭的人處處都有，對這種人表示厭惡，則無異於顯示自己度量狹小。

由於生活經歷、生活環境、知識程度、自我修養的不同，每個人都有其獨特的思考模式、缺點、性格、行為及愛好。因此，當看到與自己的思維模式、行為不同的人，或難以理解的人，不要立刻起抗拒反應，應該努力去理解這種人才對。

・傾聽的藝術

大多數交談模式都是由一個人說話，另外的人則等待輪到自己說話的時機。所以有許多等待說話的人完全沒有用心聽對方說話，因為他不是在暗暗地想著自己的心事，就是等著要發言。

「聽」和「聞」，在意志力的行使方面，有著微妙的差異。「聽」，名副其實是透過一個人的聽覺，察覺出聲音，而「聞」是為了瞭解聲音的涵義，有全神貫注傾聽的意義。

若只是「聽」，就不必過於努力。但若是「聞」，就必須使之發生作用。每個人多少都患有全神傾聽卻精神渙散的毛病。如果不注意傾聽說話的內容，往往只是茫然地附和著對方音調的高低起伏。

事實上，聽者的神態，盡在說者的眼裡。如果你是認真地傾聽，自然能給予說話的人肯定的反饋（鼓勵）。對方會認定你是一個理想的傾聽者。做個忠實的聽眾，就是擁有了掌握人心的強勁武器。「三人行必有我師」，每一個人都有值得學習的優點。有些人說話口齒笨拙、詞不達意，但觀察他的行為舉止，卻隱有深厚的內涵。觀察一個人行動上所顯示出的人品、風格，會讓人覺得趣味無窮。若你能經常扮演一個熱心、冷靜的觀察者，必定能使你的生活更豐富。

從觀察別人開始，訓練自己的傾聽能力，參加集會時，不管別人說什麼或做什麼，你都要積極參與，並從多方面觀察，相信一定可以從中學習到許多。

．贏得對方的信賴

就算學會了傾聽的技巧，也只不過是成為一個好聽眾必須具備的一半資格而已，為了使對方積極發言，你還必須做到以下兩點：首先使說話的人深深信賴你的誠意；其次讓他瞭解你關心他所說的內容。

這種信賴的基礎，來自對方對你有下面這些感受：確信聽話的人不會吹毛求疵，或攻擊傷害；確認不管自己說什麼，也不會被歪曲或誣傳。有了這種信賴基礎，他才肯敞開心胸，傾訴衷腸。

此外，為了使說話者更積極，聽者還應該略施小技巧。也就是說，即使談話的雙方已有了深厚的信賴基礎，但為了使氣氛熱烈，你還要掌握以下三點：

1、主動傾聽

一個主動的聽眾，能以簡單明確的反應，表達自己正專心聽講，並站在說話者的立場，隨時不忘附和幾句。例如：

一、說話者——碰到這種不尋常的問題，我真不知道該怎麼辦才好！

傾聽者——這種問題，我也沒碰到過。

二、說話者——今天毫無收穫。

傾聽者——你好像對今天的會議感到不滿意？

三、說話者——為什麼沒有一個正確報告？

傾聽者——這種錯誤真令人生氣。

用身體上的一些小動作，表示你正在傾聽，這也是主動傾聽的一種表現，這種身體語言，除了表示你正在全神貫注聆聽之外，也可以讓對方瞭解你的立場和見解。例如，雙手交叉拿到唇邊的信號表示：「我已經沒有什麼好說的了！」或者：「該你說了，我聽著。」主動傾聽是一種有效益的技巧，因此許多推銷員都被訓練得沈默而善傾聽。

通常推銷商品，七〇%的推銷員在講話，顧客只講了三〇%。如此雖然可以煽動顧客的關心和熱情，卻不能引起顧客下決心時必須有的自信和理智。

一個想買你東西的顧客，他所要的是商品和服務。可是，除非他覺得有充分的保障，否則是不會輕易下決心或採取行動的。

新的銷售技巧，是要訴諸於顧客的理智。於是，說話者和傾聽者的比率倒轉過來，顧客說話的時間變七〇%，而推銷員說話的時間只占三〇%。最理想的方式，就是在顧客需要推銷員提供產品或服務之前，推銷員一直當聽眾，最後才應顧客的要求，說出貨品的價格，介紹公司所能提供的產品與服務，然後以幾句簡單扼要的交代作總結。

主動傾聽一般認為是最有效，也是在各種情況下都能實行的。可是如果你覺得這種主動傾聽技巧不適合你，也可轉變一下角色，改當被動的聽者。

2、被動傾聽

首肯是談話的潤滑油。我們經常會發現，沈默或是適當的首肯，能夠改變或鼓舞說話的人，使他更加興致勃勃地掏出肺腑之言。一個好的聽眾，態度上要顯示出相當的謹慎，不在對方說話中插嘴，或任意發問。好的聽眾應該以受鼓舞的態度專心傾聽，在必要時才附和幾句。下面舉出幾種最具代表性的態度，如點頭、視線相交、微笑、同情地歎息等等。

如果發現說話者正在徵求自己的確認，就使用不超越談話範圍的簡短語氣回答：「我懂！」（就算不懂，也要這樣說）「是的！」或「是嗎？」「噢，對了！」「對嗎？」或「原來如此！」「嗄！」「哦！」「你認為呢？」「我知道！」如果談話中斷，你可以重複一次對方的結論。舉例來說：

一、說話者——所以，我昨天就到現場去了。

傾聽者——昨天……

二、說話者——他的確逐漸失去了幹勁。

傾聽者——逐漸失去……

被動的聽法給予人的印象，難免比主動聽法薄弱。不過，當說話者支吾其詞時，這種被動的聽法會成為有效的手段，可說是一種對話的潤滑油。

3、展開交談的能力

如果談話的對方，不能很自然地打開話匣子，你可使用關鍵語，使對方的舌頭潤滑一點，這就是打開交談之扉的秘訣。

一個人在尋覓體貼且值得信賴的聽眾時，經常是從對方的肢體去評估的，甚至於只是一些輕微的身體語言，像皺眉、露出驚愕的表情，便可以得到他的信賴，開始把心中的話一股腦地向你傾訴。

你先確認談話的主題，然後選擇適當的問題問對方，如此就可以打開話匣子了。成為關鍵的話語不外乎下面這些話：「要不要幫忙？」「是怎麼回事？說給我聽！」「我們好好談一談。」「我想我能為你效勞。」只要善加引導對方步上自己鋪設好的軌道，開啟對方的話匣子，接下來不管採取主動的聽或被動的聽，都能收到效果。不過有一點必須注意，學會傾聽技巧並不意味著任何時候都要注意別人講話。當你不願或不想聽時，不要勉強去聽，而可巧妙地躲避交談。如果對方執意要你當他的聽眾，你可以委婉地拒絕、推託，告訴他現在不是談話的時候。

同樣的，傾聽別人說話，並非意味著要盲目地相信對方話中的一切。每一個優秀的聽眾心中都有一個天平，能稱出哪些話是金玉良言，哪些話是隨口胡說的無稽之談。

由別人那兒聽來的話，往往會有誇大的意味，你要先放置在心中的天平上，稱出其可信度有多少。只要有點工作經驗的人，一定能輕易分辨出哪些是真心話，哪些是違心話。千萬不要被上司的甜言蜜語所哄騙。任何上司都一樣，很容易忘記屬下所立下的汗馬功勞，除非你不斷創出成績，否則不要輕易相信上司所說的這些話：「公司認為你是個重要的人，我也有同感。」「我留在公司，主要也是想好好照顧你，以及其他像你這樣的下屬。」「你的事全包在我身上。」「有人想高薪挖我，都被我拒絕了。因為我想和你一起在這家公司共事。」「你千萬不要因那一點點差額報酬，就想跳槽。本公司晉升機會非常多。而且我對你非常關心，願意多給你一些報酬。」尤其參加公司的宴會，最好先有心理準備，也許上司會對你說：「散會後我們去喝一杯，或者去打打撲克牌，聊聊天，消磨時間。」你聽了他這些話，也許怦然心動，認為偶爾輕鬆一下也未嘗不可。但千萬不可，因為你若參加了上司的聚會，就會成為眾矢之的，變成他們觀察與注意的對象，日後也必然成為他們排斥的對象。

如果你非參加那種聚會不可（因為上司邀請經常等於命令），切記不可喝酒過量，否則上司會誤認為你是嗜酒如命的人。再者，酒醉之後，你可能會失言而得罪上司。例如，你可能會對別人說：「我告訴你一個秘密，你千萬不要說出去，我覺得我們董事長真是無能……」要當心，切不可因酒誤事。

宴會最好不要逗留到深夜，否則翌日你會疲憊不堪，頭腦混亂，影響隔天上班精神。你不要忘了四周的人隨時都在考驗你和試探你，所以你最好藉故離開。你可以藉口要打電話、頭痛或其他原因，而提前告辭，因為這種活動畢竟和上班不同。你要記得眾人都在注意你，挑你的毛病，所以你無論聚餐或開會，絕不可遲到。即使你不願意觀賞夜晚的足球比賽，也要勉為其難陪大家一起看。

此外，對於同事的承諾也不要完全當真。如果一幢大樓失火，頂樓的人都想搭直達電梯下去，就會造成擁擠。相同的，一家公司有了肥缺，大家免不了會爭著去而形成混亂。無論在人生的戰場、情場或商場上，任何人都很難期望通行無阻。在現實生活中，人與人更是常常會為了某種目的而爭得頭破血流。

平時跟同事相處，要有點戒心，不要將同事們懷有企圖的奉承當真。例如下面這些話，你就絕不可輕易相信：「我真的喜歡你。」「讓我們彼此合作吧！」「你是我最最要好的朋友。」「但願今後常能有機會一起吃午餐。」對屬下，也有需要留意的地方。屬下絕不會當面說上司的壞話。他們大多認為，只要把份內工作做好，必要時給上司幾頂高帽子戴，或灌他們幾碗迷湯，就不怕沒飯吃。所以他們的奉承話是不能相信的。例如：「我一直留在公司，最大的原因還是想繼續為你效勞。」「我只願意聽你的指示。」「我只肯為你一個人工作。」「如果你不在，我立刻就辭職。」

對公司向外宣傳的話，也必須打點折扣。因為公司聘請顧問、會計師或律師時，為了安定這些人對公司的信心，常會大放厥詞地說：「本公司一向以誠信為第一。」「我們自主獨立，不受任何人的影響。」「公正是我們的口號。」「我們確信能把工作做得盡善盡美。」公司方面當然不會把實情告知顧客，而是挑顧客喜歡聽的說，以便獲得認同。所以，公司對外的宣傳是絕對不可全信的，除非對這些實情有絕對正確了解，否則，還是存疑而自求生存之道才是上策。

・晉升之前先掌握同事的心

當公司晉升機會日漸減少時，只要有一個職位空缺，就有許多競爭者擠得頭破血流。在此情形下，想掌握同事們的心，真是極困難的事。掌握同事的心，為什麼那麼重要呢？答案很明顯。

假定機會到來，輪到你可以晉升，你為了要美夢成真，首先必須讓你的同事承認你有資格成為他們的新上司。再說，如果要讓你的同事臣服於你，為你效勞，也必須使他們對你的為人處事心服口服。很可能人事部門在晉升你之前，會先徵詢你的同事們意見：「你們肯替他工作嗎？」同事們的反應，雖不會直接左右人事單位的決定，但還是會被列為人事考核的參考。假使人事單位得到的答案是：「要我替他做事，門兒都沒有！」那麼，即使你順利晉升，將來也無法如願管理你的屬下。

所以，你能否順利晉升，全看你是否掌握了同事的心，以及你的同事是否願意支持你，因此平常絕對不可疏忽在這方面的努力。

．如何知人知面又知心

上司、同事與屬下，是你在工作中必須接觸的三種人。為了使你的工作充滿樂趣、事業一帆風順，你必須掌握這三種人的心。這三種人中，同事算是最難以相處的。因為同事彼此站在同一立足點，每個人都會成為別人晉升的絆腳石，彼此會是對方競爭的對手。

想掌握同事的心，首先要做的就是探知同事的意願，接著由你來幫助他們達成心願。表面看來，為競爭對手鋪路，似乎荒謬到了極點，簡直不可能。但是其中自有其奧妙。

首先，為了瞭解每一位同事的心態，你必須為自己籌畫一番，先好好研究同事的心理，遇有疑問，就不厭其煩地向他們討教。多方觀察他們的言行舉止，必要的時候，在很輕鬆的氣氛下與他們接觸，例如和他們一起用餐，藉機會觀察他們。

不妨準備一本筆記簿，針對每位同事做記錄分析。然後就你對他們的了解，回答下面幾個問題。此處所列的問題，僅為範例，但可能提供你好的構想，啟發你找到既可安撫同事，又能順利晉升的最佳方法。

1、同事對目前所從事的工作有何期望？

2、此人在公司裡的最終目標是什麼？

3、他的私生活如何？他在公司所渴望達到的願望中，有哪些是能順利達成的？

4、他有沒有特別的興趣？如果有，是什麼？

5、他和上司、同事、下屬間的人際關係如何？

經過嚴密的分析之後，你便可以瞭解同事的欲望與要求了。至於要暗中幫助他達成目標，滿足他的需求，該從何處著手呢？首先，你要將同事的需求按優先順序排列出來。想要有條理地列出各種要求，必須應用方法。

——緊急。在此未達成以前，其他項目必須暫時擱下不管。

——最重要，但未到緊急的程度。

——頗重要，但可以稍緩一下。

——不太重要，可暫緩實行。

以這種方法，找出同事的需求。然後站在同事的立場，幫助他達成這最緊急的需求。等需求圓滿達成後，再把目標移向各項需求。當然，愈往後的工作會愈簡單。

只要你滿足了同事的需求，你的計畫就已經步上軌道，同事也會留意到你所給予他們的幫助，開始認同你。

你只要略使策略，就能實現同事所提出來的構想，而且你平時若能表現出拔刀相助的義氣，同事遇到困難，便會主動向你求救。你再善用手腕，使他的構想實現，為他排除眼前的障礙。如此，同事除了一方面敬佩你的幹練，另一方面也會對你懷有感恩之心。

你幫助同事完成他們的目標，或對他們施恩，絕不可懷有過大的期望。當然，期望對方的謝忱並無不可，但不可奢望實質的報酬。把你對別人的恩情善加貯存，到你準備達成自己的需求時再做最大的利用。現在，你已經確認了同事們的需求，並著手幫忙他們達成目標，首先將他們的需求排定順序，並隨著他們所需求的內容，多方傾聽他們的意見。

在眾人仰賴你的情況下，儲蓄了許多的「籌碼」，這些籌碼到你需要同事的幫助時隨時都可兌現。只要你不浪費籌碼，不久就能累積成大筆的財寶，也為自己鋪好了一條平坦的晉升之路。

．消除同事的嫉妒心

同事有時是工作的夥伴，但有時又是事業的對手，雖然這種說法未免有點矛盾，卻是不可爭辯的事實。你應該有明確的認識：「同事就是同時與你爭取一件東西的一群人」。如此你可以知道所謂的工作夥伴，就是想在一場競爭中超越你的對手。有了這種認識，你便可知道想獲得同事的支持，其實是很困難的，但是你仍必須努力一試。因為只要你能實現晉升願望，同事們也不得不聽命於你。

從邏輯上來解釋，你的晉升等於否定了他們的能力，所以同事們覺得不愉快是理所當然的。此外，情緒上來說，就像孩子們會嫉妒受到優待的兄弟姊妹般，同事們也會嫉妒你的「幸運」。然而如果你一向很樂意幫助別人，經常滿足同事們的需求，掌握住他們的心，那麼他們就會丟開成見，全心全意地支持你。

第七章

好人氣的座右銘

‧如何樹立個人優質形象

在現今職場中，即使你已經具備所有重要的工作能力，卻不重視個人形象，很可能會痛失公司委以重任的機會，因為你的形象與你的職場角色不符。無論你是多麼的學富五車，卻一副無法擔任要職的模樣，還是會失去許多升遷的機會。由此可知，為自己塑造一個成功的、符合角色期待的良好專業形象是十分重要的。

一個擁有好形象的人，也比較容易獲得別人的認同與喜愛，畢竟人都有追求美好的天性，因此希望在辦公室有好人緣，不妨從塑造自己良好形象開始做起。要如何樹立個人優質形象？有以下幾點原則：

1. 恰當的穿著打扮，隨時隨地都能符合場合。
2. 提升自己的個人魅力。
3. 明智地善用你有限的資源。花許多錢並不能保證一定達到最佳效果，譬如，把購衣預算浪費在購買不合適自己的衣著。
4. 外表與行為舉止均表現出充滿自信的神態。

想樹立個人優質形象的法門，其實就是——修飾外表與加強內在。由於服飾形象會使人被歸類，所以為了建立個人良好形象，對於外表的穿著打扮一定要用心。許多人覺得自己既沒有多餘的錢也沒有時間來打扮，事實上，只要一開始花點心力，以後便十分省時省力了，因為上班穿著的流行變化很小。

塑造美好形象時要注意以下重點：

1、**髮型**。有人說，人體最無用的東西是頭髮。但是從形象的建立來說，髮型卻是十分重要的一環。它影響一個人的外貌，如能適當配合臉型和衣著，更是相得益彰。

要成為一個優秀的上班族，首先不能頭髮蓬鬆，也不要經常改變髮型，因為能幹而勤奮的人是不會花太多時間在改變髮型上。整整齊齊，一絲不苟，這是成功人士的典範，當然亦反映了髮型對個人形象的舉足輕重。

若你的頭髮未能梳出理想髮型，應該如何處置呢？保持清潔和整齊仍然是最大的關鍵，經常梳理及去掉頭皮屑，能給人良好的印象，要知道連頭髮也搞不好的人，又怎會有能力去處理更重要的事呢？

2、**衣著**。許多時裝設計師都為上班族設計適合的服飾系列，配合其日常工作、身份和場合。整體來說，保守、整齊、簡單低調、切合形象是不變的原則。

在衣著上應力求簡潔，質料要好，款式要規矩，令人感到你有品味，格調高，不是愛標奇立異、嘩眾取寵的人。這對於塑造上班族的形象如錦上添花。

衣著往往亦可反映個人性格和生活，愛在外表花功夫的人，通常給人欠缺內在美的感覺。而多花一分鐘在衣物上，相對便減少一分鐘在工作上。所以，你若花在衣飾裝扮上的時間太多，容易令人對你產生錯覺，認為你無實際才華。故此裝扮不可過分華麗，惹人注目。

3、**手錶**。手錶雖是小配件，卻是必備的，因此選戴適合自己的手錶，對個人良好形象的建立有畫龍點睛之效。

你應該配戴何種手錶呢？可以是名錶、普通錶、鑽石錶，但最好還是電子錶。因為電子錶象徵高科技、準確和精密，因此和優秀的上班族最為搭配。

總之，想樹立個人優質形象，還需考慮本身的工作性質和個人身份，才能建立屬於自己的美好形象。

4、**聲調**。一般人往往忽略了說話聲調的重要性，以為這完全是天生的本能，較之面貌更難以改變。或許你會奇怪，成為優秀上班族和說話聲調簡直是風馬牛不相及，怎能扯得上關係呢？其實聲調比之外表更能吸引別人注意，更可達到懾人心扉的效能。好的聲調固然令人聽來如沐春風，不過最主要的還是能夠建立一種形象，例如成熟、穩重、幽默。總之，即使你個人天生聲底薄弱，也應經訓練控制自己的聲調，這絕對有助樹立符合個人身份和地位的形象。

上班族較為適宜的聲調是帶磁性的音色，低沉而平穩，予人踏實穩重之感。充滿內涵的語調，自然就多兩分說服力，加上肯定和自信的態度，就更能取信上司，信服下屬，再配合其他條件，便是典型成功人士的形象。

5、**談吐**。要建立專業形象，說話就要精簡、明確、有內容，才能建立學問淵博或具有一定才華的形象。

不過，並非口若懸河、滔滔不絕就表示內涵十足，應採取「言之有物、重點說明」的原則。

言之有物、重點說明的好處，是令人感到你知道的比講的要多，從而產生一種神秘而又令人尊敬和仰慕之感。請牢記，要別人信任可能需要一百句話，但要令人輕視就只要講錯一句話，你實在犯不著冒這個險吧！無論如何，肯定的語氣必定有助於你建立個人優質形象。

6、**風度**。風度是透過學習和經驗累積的一種外顯行為。在日常生活裡，我們往往遇到好多不同類型及階層的人和事，從而學習許多待人處事的態度和行為，建立個人的一套風度。

風度被認為是人類一種發乎內、形諸外的行為模式，所謂「腹有詩書氣自華」，一個人的風度往往又可反映其個人修養、背景、性格和心境等等，使人相信風度是洞悉個人修養的途徑之一。

因此，在建立個人形象之際，也不可忽略風度一環。具有良好風度的上班族容易令人感到其具有大將風範，是優秀上班族的最佳人選。

內涵的重要其實也可分兩個層次來看：第一，其本身必須具有一定的工作能力和實力；第二，即使其本身所具備的才華並非真的超凡出眾，但是要成為優秀上班族，還是要懂得如何推銷自己。

實力和包裝，在現代社會中兩者都不可偏廢。即使你並非天生擁有某些特定條件，也未能符合優秀上班族的形象，請不用懊惱，只要努力學習，累積更多生活體驗，假以時日必能有志者事竟成的。

・專業的儀態是最佳的自我宣傳

想獲得別人的喜愛與認同，專業的儀態是最好的自我宣傳了。

人與人的交際過程中，除了言談之外，還要講究「身體語言」——體態。

所謂體態，就是指人的體形和姿態。人不僅要有一個好的體形，而且姿態要優美。很多人以為體態是天生的，其實，重要的還是後天的培養。

站立、行走、坐臥是人體的幾種基本姿勢，正確的站立姿勢應該是頭、頸、軀幹和腳的縱軸線在一條直線上，挺胸、收腹、兩臂自然下垂，形成優美挺拔的姿態。這樣，人體的曲線美也就表現出來了。

行走是站立姿勢的一種延伸，除了要保持站立時正確優美的姿勢外，還要注意整體的端莊有力，做到軀體移動正直、平穩，但不僵硬呆板；兩臂自然下垂，協調擺動；膝蓋正對前方，腳尖略微外側，落步時腳前掌先支撐著地，兩腳後跟幾乎在一直線上，兩腳交替前移，彎曲程度不要太大，步伐要穩健均勻。這樣的走路姿勢，不僅給人精神抖擻、舒服大方的美感，而且對年輕人脊柱和腿腳的正常發育有好處。

優美的坐姿與站立、行走一樣，仍然要保持挺胸、收腹。四肢的擺放也要規矩端正，不能擺得太開太大，更不要蹺起「二郎腿」，東倒西歪。

一個人的體形姿態在人際來往中非常重要。在現實生活中，我們往往不需要看別人的面孔，只須觀察一下他們的姿態，就明白其心理狀態了。

・良好風度的養成

除了「身體語言」，一個人的言談舉止也影響其儀表的良好與否。言談舉止，也叫風度，在人與人的來往中，猶如商店的櫥窗門面，不可忽視。

風度是一個人的道德、情操、氣質、性格和文化素質等綜合的外部表現，也是別人洞悉你內心的門戶與嚮導。因此，一個人想把自己培養成為善於說話的人，給人留下深刻而美好的印象，說話的風度就不能不講究。

如何才能成為有風度的人呢？

1、態度應當安詳。談話時應泰然自若，落落大方，不卑不亢，不應含糊其辭。

2、表情應當自然。一個人說話時，其表情受兩種因素的影響：一是對聽者的態度；二是對所說內容的表達。對聽者的態度應以微笑為基礎；而內容的表達應是內心感情的自然流露，不能做作。

3、動作應當穩重。所謂動作，是指輔助的手勢和姿態，應富有吸引力但不要庸俗化，必須穩重沈著。

4、聲音適度。這裡的聲音，包括強度與速度。聲音的強、弱、快、慢，要根據說話內容和情況而定。高低要合適，強弱要得當，既不能低得誰也聽不清，亦不能聲如洪鐘，旁若無人；既不能像連珠炮似的，叫人神經緊張，應接不暇，亦不能老牛破車式的慢吞吞，令人著急。

5、語調應當明朗。語調，就是說話的腔調，是話音高低的配置。善於說話的人，總是根據內容或抑或揚、或頓或挫，節奏鮮明。油腔滑調不行，吞吞吐吐不行，無謂的口頭禪也必須克服。

此外，語言溝通是雙向的，不應光顧自己說，還應留意聽者的反應。透過聽者的表情、姿態，對自己的話進行評估，必要時作適當的調整，使自己的話更容易讓聽者接納。

最後，要提醒你「自信」是專業儀態中不可缺少的元素，培養自信心絕對能為你的專業形象加分！

・如何避免得罪人

從人際關係的目的來看，人們總是希望透過和諧往來，使事情辦得順利和成功，所以得罪人是違背交際宗旨的。儘管有時為了公事和原則不得不得罪人，但是大體說來，得罪人總是一件令人不愉快的事情。特別是從個人交際的角度來看，其危害性可能更大一些。

得罪人的情況不同，造成的後果和危害程度也不一樣。它有輕重之別，有久暫之異。

得罪人輕者，只因為自己的一些不當言行，有悖於對方，使人家感到難堪、尷尬，搞得人家不愉快，但是傷人並不重，只是暫時使對方的面子上有點掛不住而已，事過之後，就會煙消雲散。或對方對你的無理言行並不計較，忍讓求全，給予寬恕，所以不至於造成什麼過分嚴重的後果。這種得罪人，一般說來還有轉機、言和的餘地。在日常生活中發生最多的，大多是屬於這一種。

得罪人重者，情況就大不相同了。這種得罪人常常表現出彼此言行的嚴重對抗、衝突，甚至訴諸武力，造成難以挽回的嚴重後果，使人記恨，甚至恨得咬牙切齒，彼此成了仇人。有的可能會記恨你一輩子，終身為敵，到死也解不開心裡的結，那就太可悲了。如此得罪人付出的代價很大，可以說是得不償失。

當然，話說回來，得罪人也並非都是壞事。比如，你得罪的是小人，你不必感到內疚；而如果你是為了真理得罪人，那也是值得的。因為你不得罪這些人，就可能要得罪更多數人。

．如何避免得罪上司

1、**瞭解上司**。要瞭解上司的資歷、工作習慣、事業目標和好惡。瞭解得愈多愈好。因為只有真正瞭解了，才能夠選擇最好的時機和最佳的方式，與上司做良好的溝通，並能談得投機。不少人能力並不差，也兢兢業業地努力工作，可就是得不到上司的賞識，甚至常在不知不覺之中得罪上司，究其原因，就在於缺乏對上司的瞭解。

2、**講究策略**。想要工作順利，能夠得到上司的同意和支持，必須考慮周到，選擇幾種可行的方案，用恰當的方式把事情提出來，讓上司進行比較和選擇。並要注意根據所請示問題的性質，選擇適當的時機提出問題。例如，當上司情緒不佳的時候，就不要對他提出比較棘手的問題……

3、**簡明扼要**。時間是上司最寶貴的財富，沒有一個上司喜歡囉嗦繁瑣，因此，無論是給上司作報告或是提建議，都應把握要領，簡明扼要。如果顛三倒四、反覆提報，是對上司的理解力和分析判斷力失敬的表現。

4、**洗耳恭聽**。當上司講話時，要集中精神聽講，並要盡可能與其保持眼神的接觸。應當記住：任何一位領導者都不喜歡一個問題要他重複說兩遍。如果上級對你下達指示或闡述問題，你卻表現出心不在焉的樣子，必然會招致上司的不悅。

5、積極樂觀。成功的領導人大都是積極樂觀的，所以他們也總是欣賞持有同樣態度的下屬。除非在迫不得已的情況下，一個下屬是不應在上司面前使用「困難」、「危險」、「失敗」等辭彙的，當然，任何一個上司也不樂意看到他的屬下出現愁眉苦臉、憂心忡忡的樣子。因此，身為一個下屬，在與上司相處時應有控制個人感情的能力，不能夠把個人的喜怒哀樂等情緒帶到與上司的接觸中。

6、尊重上司。要時刻注意維護上司的形象，多和別人談上司的優點，但不能無原則地歌功頌德、阿諛奉承。發現上司的缺點或差錯時，最好私下指出，不要自恃高明傲視上司，更不可旁敲側擊、冷嘲熱諷。

7、勇挑重擔。見困難就躲、害怕負責的人，是所有上司都會反感的。勇於負責、對各項工作都全力以赴的人，才會受到上司的青睞。

8、熱情有勁。對上司安排的工作與任務，要表現出極高的熱情、極大的信心，並努力去做。唯唯諾諾無精打彩的人，對上司指示三心二意的人，絕不會受到上司的賞識。

9、**遵守諾言**。言而無信是所有領導者都不能原諒的缺點。因此，對上司絕不可輕易許諾：能辦到的事情就說能辦到，不能完成任務時應儘快對上司提出，切不可盲目答應自己辦不到的事情。要知道，先答應而最後不能兌現，不僅會令上司大為惱火，還會使上司懷疑你的可信賴度。

10、**保持距離**。與上司既要建立良好關係，又應注意彼此不可過於親密無距離，尤其不能捲入私人感情。許多例子證明，與上司有太過分親密的關係，更加危險。特別是對於異性上司，更應加強性別意識，保持清醒的頭腦，否則必然會導致不良的後果。

·如何避免得罪下屬

在建立良好的上下級關係裡，上級（領導者）更需費較多心力。由於領導者的思想品格、胸懷度量、處世態度、作風修養、工作方式如何，無一不影響到上下級關係，所以上級領導者首要避免把與下屬的關係搞僵。避免得罪下屬，應注意下列各項：

1、**尊重人格**。人皆有自尊心，人人都有爭一口氣的想法，尊重下屬人格是現代領導者所應有的基本態度。成功領導者的共同長處，就是尊重下屬人格，使人有一種如沐春風之感，這樣下屬就會自發、積極、心情舒暢地工作；反之，一個上司如果缺乏對下屬人格的起碼尊重，只是把他們當成做事機器，頤指氣使，甚至隨便開罵，或者把他們當成一群白癡，動輒訓斥，那麼下屬必然會對上司敬而遠之，輕者報以白眼，嚴重的甚至會嫉惡如仇，他們也絕不會老實安分地與這樣的上司合作共事的。

2、**以身作則**。要求下屬做到的事項，自己要首先做到；禁止下屬做的，領導者應絕不違禁。這樣的上司才能作為下屬的楷模，其一言一行才有號召力。

3、**關心下屬**。不論是物質方面的待遇和福利，還是精神方面的社會地位、人格尊嚴、權利等，上司都要關心，努力做到與下屬有福同享，有難同當，共同奮鬥。

4、**作風民主**。好的上司應有民主精神，聽取下屬的意見，集思廣益，發揮群體的智慧和聰明才智去做好工作，切忌獨斷專行。

5、**平易近人**。領導者不應對下屬擺架子、要派頭、盛氣淩人、自覺高人一等，而應和藹可親，與下屬打成一片，使下屬樂於接近你，也樂於對你講真心話。

6、**一視同仁**。領導者對所有部屬都應該平等相待；否則，有親有疏、厚此薄彼，就失去了評判是非的標準，破壞了下屬平等競爭的大局，也喪失了一個領導者應有的道德和尊嚴。

7、**溝通情感**。領導者應經常與部屬談心，既交流思想，也交流情感，掌握每個下屬的思想脈絡，隨時知道他們在想什麼、做什麼，並身體力行地幫助他們解決實際困難。只有這樣，才能使你所屬的每一個成員，都對整體的奮鬥目標、政策、計畫、工作有充分的一致瞭解，從而同心同德，達到預期的目的。

8、**積極激勵**。事實證明，積極激勵在樹立模範、激發下屬積極性、做好各項工作等方面，都具有非常重要的影響作用。領導者應該根據不同情況適時給下屬不同形式的激勵，例如目標激勵、物質激勵、榮譽激勵、信任激勵、強化激勵、情感激勵等，從而啟發下屬最大的積極進取心，使人的潛在能力得到最高的發揮，工作效率達到最高水準。

9、**正確評價**。能否公平、公正地評價下屬，對於教育、鞭策、激勵他們至關重要。要想正確評價下屬，應遵循如下原則：

(1)仁愛原則。評價自己的屬下，必須具有「愛兵如子」的仁心，具有這種感情，評價就會給人溫暖、誠摯的教誨和力量。

(2)實事求是。要對人作全面的分析，進行實事求是的綜合評價，這樣才真正公平。

(3)具體明確。評論下屬切忌籠統、抽象的議論，而要對下屬的優點具體、明確地給予肯定，使下屬透過評價感受到自己在上司心目中是有地位的。

(4)適時適地。評價要選擇時機，通常在下屬遇到困難、挫折時，上司及時給以正確而有激勵性的評價。

(5)顧慮其理解和承受能力。評價下屬的缺點、弱點甚至所犯錯誤，要充分考慮對方的理解能力和心理承受能力，在評價內容、方式等方面力求做到恰當和適宜。

(6)口頭評價與書面評價一致。書面的評價是具有權威性的，因此必須真實可靠，同時要與平時的口頭評價一致。

10、**恰當批評**。批評是鞭策下屬、改進工作的重要領導方法之一，但若實施不當，往往會刺激上下階層的衝突，形成下與上的對抗。領導者要恰當地批評下屬，應注意以下原則：

(1)正確選擇批評的時機。批評時機是否適宜，與批評的效果有很大關係。如果領導者能客觀看待發生的問題，選擇被批評者心緒較好的時候進行，就能收到較好的效果。如果被批評者對錯誤有了初步認識，主動徵求意見，更是對其展開批評的良好時機，也必然會收到更好的效果。

(2)正確掌握批評的程度。下屬犯了錯誤，領導者應在弄清錯誤的性質、影響的大小、是初犯還是屢犯、是無意中失誤還是明知故犯、是自尊心很強的人還是經常不用心的人等情況後，再實施恰如其分的批評。對於初犯和偶犯錯誤、自尊心很強的人，批評時應注意言詞要委婉，不能言過其實，並且應該單獨進行，不可當眾點名。對於那些屢犯、故犯、對批評持無所謂態度的人，批評則必須嚴肅、尖銳，達到振聾發聵的程度，否則輕描淡寫是達不到批評效果的。

(3)以理服人，指明方向。批評時應注意講道理，並使被批評者能全面性的考慮問題，認識自己所犯錯誤的嚴重性。同時，批評時還應對被批評者指點改善方向，以激發他的上進心，讓其樹立起改正錯誤的信心。

(4)替對方留餘地。對被批評者既要指出其錯誤，也應肯定其成績，不要因為其犯了錯誤就全盤否定他的成績，否則會使被批評者產生叛逆心理，使批評達不到預期效果，甚至會產生反效果。

(5)實事求是。領導者批評下屬，應出於幫助其改正錯誤的正確動機，千萬不能抱著「整人」、「殺雞警猴」的目的。有了正確的動機，批評才能夠實事求是，既不肆意誇張，也不會諷刺挖苦、算總賬，讓人家下不了臺。否則，動機不良，必然會激起被批評者的對立情緒，甚至產生報復心理。

(6)主動承擔責任，進行自我批評。領導者在批評下屬的時候，亦應主動承擔自己應負的責任，適當地進行自我批判，這會縮小被批評者與批評者之間的距離，使被批評者產生不改正錯誤就對不起上司的內疚心理，從而更樂於接受批評，痛下改正錯誤的決心。這樣的批評不但不會破壞上下階層的關係，還會促進雙方關係的進一步融洽。

．如何避免得罪同事

在一個工作單位中，同事之間基本上是分工而又合作的平等關係。但是在現實生活中，同事之間因為種種緣故而鬧意見、相互不合的情況卻經常可見。

那麼，要怎樣才能避免得罪同事呢？從大原則來說，要注意下面兩點。

1.堅持原則。一提到「堅持原則」，我們可能立刻會想到某些上司鐵面無私的表情和作風，以為同事之間、朋友之間只適合友誼，談不上什麼原則。其實，在同事之間也應該堅持原則。堅持正確的原則立場，才是處理好同事關係及一切事務的重要基礎。若喪失原則，必然沒有了是非好壞的標準，陷入混亂的狀況，其結果，大家表面看似一團和氣，若遇到利害關係，則難免產生分歧，「得罪人」的情況也就出現了。

2.隨機應變，保持良好的同事關係。堅持原則固然十分重要，但並不等於凡事都要擺出一副「公事公辦」的架式。處理同事關係要避免「得罪人」，在堅持原則的前提下，還應隨機應變。一般來說，同事大都是年齡相當、資歷相近的人，儘管脾氣性格各有差異，但總有很多地方還是「談得來」的。在工作上應該求同存異，融洽關係，避免不愉快事情發生。

同事之間如果做的是同樣的工作，那麼相互應多多交談、商量，共同協調工作的方法、步驟，有了問題及時交換意見，這是融洽關係、避免互相得罪的重要方法。即使分工不同，但屬一個單位的同事，也應多多來往、互相支持。因為同事之間會發生「得罪」的狀況，往往是由於相互不瞭解以致產生誤會，而誤會出現以後又不及時消除，過於堅持自己的「尊嚴」所造成的。

‧得罪人後的處理對策

避免得罪人可以說是每個人的共同希望，但是儘管你十分小心，也很會做人，在複雜紛紜的人際來往中，仍然難免得罪人。因此，知道得罪人以後該如何「善後」，也是建立良好人際關係一個十分重要的課題。

1.尋根究底，查明原因。想要在得罪人後及時採取恰當的對策，把破壞的程度降至最低，首先需要找出得罪人的原因，大體可以由以下方向進行：

——最近，你在與被你得罪者的來往中，有沒有講話隨便、不注意的地方？須知，良言一句冬天暖，惡語一聲夏日寒，往往一句話就會刺傷人、得罪人。

——你在批評或者談論被你得罪者時，有沒有不看時機、不注意場合？要知道，即使你的批評是正確的，你的談論是符合事實的，但是如果時機、場合不適宜，也會使被批評者、被談論者認為你是故意損害他的威信，故意拆他的台，因而在不知不覺之中得罪了他。

——你有沒有占人小便宜、損及別人利益？應牢記不可占別人便宜，特別是對於有些愛斤斤計較、私心較重、心胸狹窄的人來說，你若不注意，便很容易讓他以為你占了他的便宜而得罪他。

——你在辦公室或者其他任何場合，有沒有議論過別人的蜚短流長？「靜坐常思己過，閒談莫論人是非」，這是中國幾千年來的古訓。如果你愛議論別人的是非，那麼肯定你會得罪於人；即使你偶爾議論，也往往會傳到當事人耳朵裡，從而得罪於他。

——如果你的修養很好，一言一行一舉一動都很注意而得體，但是仍然得罪了人。你在檢討了自己的言行舉止後，並未發現有何不當之處，那麼就應該考慮：是否有第三者造謠、挑撥，造成你得罪他人。社會是複雜的，有些心術不正的人，出於各種各樣的動機，往往故意挑撥別人之間的關係，這是不能不防的。

2.主動道歉，承擔責任。如果查出，確實由於自己的行為言談舉止不當，而得罪了人，那麼便應該採取積極的態度，主動承擔自己應負的責任，並且去向對方道歉，求得諒解。值得注意的是，道歉是要講究技巧的，恰到好處的道歉，不僅能夠彌補破裂的關係，而且可以增進感情；反之，不適當的道歉，不但難以達到預期的目的，甚至會使彼此的感情更加疏遠。

道歉時應該切記道歉並非恥辱，而是真心和誠懇的表現。邱吉爾起初對杜魯門的印象很壞，但後來他告訴杜魯門，說以前低估了他。這種以讚譽表達歉意的方式，不但沒有使杜魯門忌恨邱吉爾，相反的，杜魯門覺得邱吉爾誠實可交，以後他們便成了好朋友。

應該道歉的時候，要馬上道歉，越耽擱就越難以啟齒，道歉時間越早越表示誠意，效果越好，切莫瞻前顧後、猶豫不決、推推拖拖。假如你認為有人得罪了你，切莫為對方沒有及時向你道歉而生氣，你應該冷靜下來，設身處地的為對方想一想，因為也許對方正在為如何向你道歉而大費心思呢！

道歉應該是直接了當、明明白白的，不要含糊其詞，更不要因為怕別人知道你向他道歉而不好意思。如果你不把道歉的意思說清楚，讓對方明明白白地了解，而是含含糊糊，欲言又止，讓對方費解，那不但無法達到道歉的作用，還會造成新的誤會，使彼此之間的隔閡、猜疑更加深。

(1)出乎別人意料的道歉。當對方沒想到或並不需要道歉時，你的一句「對不起」，往往會使對方感到很溫暖，甚至受寵若驚，覺得你是個很有禮貌、很客氣的人，如此不但會盡釋前嫌，而且令對方更樂於與你來往。

(2)誠心誠意的道歉。當你向人道歉時，從表情上、舉止上、語調上，都要使人確實感到你是發自內心的、具有誠意的道歉；而不是生硬的、呆板的、機械的「例行公事」，也不是迫於某種壓力不得已的「客套」。因此，當你情緒不好時切忌去向對方道歉。

(3)採取適當的方式表示道歉。表示道歉，既可以面對面地講清楚，也可以採取其他含蓄的方法來表達。例如，送給對方一束鮮花，或把一件小禮物放在對方桌上等，都可表明自己的悔意，使前嫌冰釋；如果是至親好友，觸摸一下或一個熱吻，即可傳情達意，並收到「此時無聲勝有聲」的效果。

還須注意的是，假如得罪了人，但並不是因為你的過錯造成，而是由於其他原因（例如有人挑撥是非）造成了誤會。這種情況就不必道歉，只須說明情況、解除誤會就可以了。

3.闡明原委，解除誤會。有些情況的得罪人，是由於誤會造成。對於這種「得罪人」，一經瞭解情況後，應採取以下對策。

首先，要知道誤會為何產生。要知道，不管是自己誤會別人或別人誤會自己，都是隨時可能發生的。曾經有人比喻說，誤會就好像一個人身後的影子，你想把它趕走，根本不可能。所以不如想開些，坦然面對別人誤會自己，也要坦然面對自己誤會別人。

發現別人誤會自己，不要自尋煩惱，自己給自己施加壓力，好像自己受了多大委曲似的。要相信事情總會弄清楚，當誤會你的人瞭解你的為人後，誤會就會自然冰釋。當你誤會別人時，更不要把它看得那麼嚴重，也不要把別人想得那麼壞，要寧可信其無，不要信其有。即使真的有人歪曲了你，甚至誹謗了你，你應該大度待之，如此更使對方看到你的雍容大度，豈不比你怒氣洶洶地去與對方「理論」一番，弄得雙方都十分不快要高明得多嗎？應該心平氣和地去解釋誤會，如果可能，最好自己親自找到誤會你的對方，把事情的來龍去脈一五一十、原原本本地說清楚。應該特別注意的是，在與對方交談時，不要有指責對方的意思，更不要「追查」對方怎麼造成誤會（例如「你聽誰說的」、「從哪兒聽說的」等等）。假如對方對你的成見很大，難以坐在一起親自面談時，可以找一個與對方關係比較好的「中間人」，請他幫忙，把事情的原委向對方說清楚，使其瞭解他得到的訊息是錯誤的，所以對你產生了誤會。

另外，有些誤會是不必解釋的，它只要透過時間的沉澱即可消除。例如親朋好友之間產生了誤會，雖然一時有了隔閡，但是你仍然一如既往地善待他，隨著時間的流逝，他便會主動化解誤會。再者，還有些誤會是因為預測你未來行動所產生的，例如，某人聽說你會向上司打他的「小報告」，因此便懷恨於你。對於這種誤會，也可採取不予理會的態度，只要你對某人仍然抱著一如平常的態度，好的就讚賞，不好的就規勸，完全出於公正。這樣，時間久了，對方自然明白是他誤會了你。

·好人緣座右銘

涵養到，氣質好；涵養深，氣如城。

氣猶水，心猶舟；氣靜則身靜，水恬則舟恬。

水以載舟，亦以覆舟；氣以輔心，亦以亂心。

輔心則俊人，亂心則亂性。

容貌舉止，氣質相成；涵養氣質，容儀必澈慎。

得天地沖和之氣，識人生淡泊之真。

天地之氣，宣通則和，壅遏則乖；人心之機，舒暢則悅，抑鬱則憤。

為天下事，非氣不濟；然氣欲藏不欲露，欲抑不欲揚。

掀天揭地事業，不動聲色，不驚耳目，做得停停妥妥，此為第一妙手。

做普通人，當如是：從容而不後事，急遽而不失容，脫略而不疏忽，簡淨而不涼薄，真率而不鄙俚，溫潤而不脂韋，光明而不淺浮，沉靜而不陰險，嚴毅而不苛刻，周匝而不煩瑣，權變而不詭詐，精明而不猜察。

不就利，不違害，不強交，不苟絕。

容貌惟正大老成，言事惟簡重真切，心術惟篤實光明。

息息涵養，處處存心，言語動作，不為流俗，一性寂然，動如天然。

意隨無事適，風逐自然清。

千紛百擾，此心不動；千撓百逆，此氣不動。

同場加映

搞定十二種難纏問題人物

在本章，我們將探討職場經常遇到的十二種不同類型的問題人物。這些人可能是你的部屬，可能是你的同事，所以他們的特質也會影響你的工作品質。在每個案例中，我們會詳細描述該類型的問題，並思考與他們和平相處的策略，學會在工作現場與這些問題人物拉鋸。

‧第一種——不受控制的聲音

這種不受歡迎人物在公司幾乎是完全孤立的，但是其聲音卻仍然經常以備忘錄（如「我要提醒你注意…」），或是打電話（如「我想你應該知道…」），或是寄信到公司業務通訊上（「管理階層欺騙工人…」）等方式出現，其聲音就像洪水一般地四處氾濫。這種聲音說得就像他代表了大部份員工的心聲，而事實上，他們可能正孤單地坐在辦公室的小小一隅，仔細思考著要在哪裡點燃下一次的攻擊。

大部份與此聲音鄰近的員工都已經學會忽視他的狂風暴雨。但是管理者會發現這種令人難受又具毀壞性的聲音，特別是這個聲音是以匿名方式傳送訊息至高級主管、政府管理單位或是有興趣的傳播媒體時，更是令人頭痛。

像大部份問題人物一樣，他們的言語或行動會在無意中顯露出弱點。其實發聲者所尋求的就是聽眾而已。公司中越多人忽視他們的訊息，其聲音就會越刺耳，而其電話及信函攻勢也會越來越過分。相反地，即使只有一點點的聽眾，也會讓他的情緒平緩很多。會刺激這發聲者發出這麼多不平之鳴的主因，大部份是由於被孤立的人際關係所致。所以只要表示歡迎，把他們當成是公司社交委員或是其他團體的一員，那麼他的怒氣就可以被撫平。

策略一：感謝發聲者對情報傳送的貢獻，同時請他們以後直接傳送給執行委員會（或是總經理、員工關係委員會等單位）。而且要事先知會這些「聽眾」，讓他們知道自己可能會定期收到一些由發聲者傳送來的奇怪資訊，謝謝他們耐心處理這些訊息。

策略二：把發聲者的社交孤立及怒氣，解讀成一個懇求加入公司社交生活的聲音。然後以社會群體的方式讓發聲者重新建構其內容並加以發表，如此他們就必須定期出席某些聚會，增加與人群接觸的機會。

商場範例

一個在聖路易從事軍方承包商的經理人說：「亞倫與前一任老板結束合作關係後，帶著二十二萬元到我們公司。我們會雇用他，是因為他對於公司稅務及會計具有高度的專業技術。可是一開始亞倫就很清楚表明他討厭跟別人一起工作。他利用諷刺嘲笑及人身攻擊使自己不用參與小組計畫。在這幾個月之中，大家都很少看到他走出辦公室。

但是暗地裡，他卻定期以文情並茂、引人注目的備忘錄向上層管理者打小報告。身為亞倫的直屬主管，對於他這種幾乎每天都將別人的行蹤一五一十向上級報告的越級行徑感到越來越不悅。我叫亞倫到我辦公室來，並請他撤回所有的備忘記事。這個人正在誘騙我發火，好給他一個轟動的機會，給他一個讓他可以再大展身手、引人注意的舞臺。最後我決定答應他的要求，但是並非如他期望的形式。我與一位資深副總共同創立了一項『活力獎章』，每月獎勵那些監督公司活力、防止訊息誤傳和錯誤越級報告的員工。不用說，亞倫是我們第一位得獎者，我們同時在公司內部刊物中給予適當的表彰。這似乎滿足了亞倫的需求，於是他與幾個同仁開始親熱起來，也開始和我談到一些正常基礎上的觀點，最後他終於發現自己已經比較不需要再對上層主管提供他的口頭炸彈了。」

·第二種——以卑鄙手段陷害他人者

這類不受歡迎的人比較沒有那麼孤獨，但是和前述愛打小報告者一樣聒噪、直言不諱。

因為以卑鄙手段陷害他人者，都把其他人當成是自己的踏腳石，所以會跟其他員工建立暫時的聯盟。管理者必須當機立斷地採取行動，隔離這個會以卑鄙手段陷害他人的人，否則他可能會破壞團隊的精神及相互間的信任。

典型以卑鄙手段陷害他人者的手法就像以下這樣：員工三人合作無間地工作一段時間後，慢慢變得很親密，日漸卸下心防，A員工洩露了自己不喜歡老闆；B員工則在無意間表露了她是騎驢找馬。在某個適當的時機，C員工暗中安排了老闆偷聽到這二人的重要消息，所以最後因為他出賣了兩個同事，自己得到升遷的機會。

很明顯地，以卑鄙手段陷害他人者的行為，在任何方面都是不值得被鼓勵的。經理人必須扮演偵探的角色，找出公司中握有那把血刀的人。最有效率的方法就是深入瞭解每位員工，也許可以利用經常一起午餐或是早餐會議的機會瞭解他們。當管理者與員工建立起「信任連線」時，則不管接收到卑鄙小人發來的任何破壞性訊息，管理者都可以很快分辨出來，並且可以推心置腹地信任員工。

要修復卑鄙小人所造成的危害需要付出很大的代價。但他是否可以被改造呢？卑鄙小人都喜歡強詞奪理，而任何熟悉人性管理的人也都有此特質，所以應該引導他們正面發揮這項潛能。就像愛打小報告者一樣，其關鍵就是找出卑鄙小人心中的冀望。讓他與管理者進行一對一的「生活目標諮詢」，這是帶領卑鄙小人走回正面，參與團隊工作的要件。管理者要對他的抱負給予完全關注，如此卑鄙小人就不會利用別人來爭取注意了。在這樣的會議中，管理者可以告知卑鄙小人公司的基本文化——重視互相支援的關係，而不是互相殘殺的衝突。

策略一：很快地找出具破壞性的消息，然後私底下拆除疑心的危機，治癒依附在卑鄙小人身上的疾病。

策略二：與卑鄙小人討論生活目標，同時提供公司文化中未明文規定的教化行為。

商場範例

以下是由達拉斯一家能源公司副總經理所提供的例子。他說：「我覺得有一位員工好像《朱門恩怨》看太多了，他已經誤入歧途，陷害其他員工，還好在最後一刻時，公司奇蹟般地將他挽救回來。在某個機緣下，他私底下找我，並給我一份他團隊中其他三位同仁的任務記錄報告。我不瞭解為什麼只有他可以取得他們所需的資料。到了任務截止的最後一天，其他成員都無法完成託付，而他則帶著自己的報告前來，他說是『在最後一刻才合在一起』。雖然最後的結果是由他完成，可是我不但沒有稱讚他，反而認為他對其他同仁隱藏資料是暴亂行為，於是我把他的報告退回給其他同仁校訂。在這段時間，他被弄亂的羽毛看來已經被梳平了，而且團隊也運作得很平順。我相信他在利用夥伴製造自己的利益上，應該已經學到了很寶貴的教訓。」

・第三種——愛挑剔者

這類型的問題人物會適度地參與其他員工活動，而且儼然是所有員工的代言人。他們很會吹毛求疵，即使是非常明確的工作，他還是會提出異議。這種愛挑剔的行為主要是想表現出自己更行，但是如果主管真的花時間與他們討論其所提出的每項異議時，他又開始推託工作。

只是，管理者不可因此忽視所有員工的反映。有些基層員工真的會提供管理者很好的想法及重要的警告。

要解決愛唱反調者的問題，必須全力放在其反對的主題上，要注意「是的，可是……」只是他反對的開始。經常讓上司陷入爭論，不僅可以防衛自己的地位，還可以助長反對的聲浪。愛唱反調者很快就知道即使僅是一個很小的異議，都會導致上司的過度防衛。

聰明的管理者會隨時歡迎愛唱反調員工的挑剔，但是一定要堅持讓他們把這些反對意見訴諸文字。文字化的動作會讓不成熟的想法在下筆時變得更周延，然後建構一個有憑有據、可令人信服的議論。絕大部份愛唱反調的員工既沒有精力也無法保證以這種方式來發表他們的異議。所以他們認為最重要的議論都很少在紙上曝光。

策略：不斷鼓勵員工提出意見，但必須要求愛唱反調者將他們個人的方針、過程步驟，及其他問題在經過檢視後，訴諸文字。

商場範例

華盛頓特區一家企管顧問公司的創辦人提供了這個範例。他說：「因為我們必須儘快爭取到客戶的合約，所以當重要建議書（計畫要求）的最後期限迫在眉梢時，提案書寫小組們就必須日以繼夜地在辦公室加班。但去年他們的工作進度卻非常緩慢，因為他們遇到了一個愛干涉與自己職責全然無關的管理者，提案撰寫小組的一舉一動都受到這個上司的刁難挑剔。他對別人的想法有很多的意見及批評，可是自己卻無法提出更好的替代方案。所以在他多方阻礙之下，我們就無法準時針對價值好幾百萬元的電腦技術訓練案提出建議書。因此我們決定讓他走，不讓他在此工作了。」

‧第四種——玩手段的政客

在所有的問題人物中，就屬這種最危險，他們不僅富有權力而且深具吸引力，有時還會獲得許多員工的支持。政客一般都是在老闆與員工之間，把自己設定成打破強權的位置。政客上法庭是很稀鬆平常的事，而這也就是他們確保其力量成長的方法；如果不理會政客，可能會塑造出一個力量強大的敵人。

解決政客問題的方法就是給予其他團體及發言人自治權，但是不可太過明顯忽略政客。

政客的力量基礎通常都不是來自於他自己認同的工作網、約定關係或朋友關係，而是來自於經理人忽略的空間地帶。當經理人與大部份員工訂立了一項非常規的合約時，某些類別的政客必然會因此而充滿了失落感。

員工團體及發言人的授權，可能需要歷經重要會議的召開、意見調查、將大員工團體改組成小團隊、品管圈等多重的運用及群組討論過程。要戰勝號稱能打破強權的政客所造成的危險及困難，並不是直接挑戰他的影響力，而是要一點一點逐步地拆離他的力量基礎。

策略一：避免對簿公堂或是直接對質，而讓政客的力量有機會擴增。

策略二：藉由給予注意及感化他的擁護團體或個人，來解除政客力量。

商場範例

這是紐約一家出版公司的範例：「幾年前，在擔任一家大專教科書的大出版商副總經理時，我與聘雇的四十位開發編輯人員，面臨了一個很棘手的狀況。這些先生女士的工作是與作者直接溝通，然後再以手寫稿做成最後排版印刷的草稿。當時他們都知道，自己只是公司圖騰柱中的下層人員而已。而我及編輯主管則很少與他們有直接的接觸。然而在深秋的某一天，我們收到了一份由開發編輯人員所共同擬訂的意見書，同時推派其中一位身材高眺的女士作為報告代表，但我們對她瞭解不多，僅知道她的名字，以及她是最好的開發編輯之一。她說，她會轉達我們對該份意見書的答覆，並且一一地與其他開發編輯同仁溝通。

我們真的掉到一個進退兩難的困境。若是把她認定為引起暴動的元兇而解雇她，公司可能會因此喪失一個優秀員工，並且還可能引爆其他開發編輯人員長期壓抑的怒氣。可是如果依從她的要求，則很明顯地表示我們默認她就是這個不合法團體的代言人。

於是我們嘗試了一項非常有效的策略。首先我們先感謝她熱心傳達這些意見，並且告訴她我們會用心思考這些問題。隔天我們即要求每個部門編輯找他們個人的開發編輯進行個別討論會。於是每個討論會都提出了一些抱怨及建議，而這些統合意見表很快就取代了原先由代表送來的意見書，並且成為我們行動的要旨。然後我再以副總經理的身份，指派兩位開發編輯（沒有原來代表傳達意見的那位女士）參與公司的執行委員會。同時我們採用另一種方法保證開發編輯同仁可以表達他們的意見。所以最後，我們不用透過任何個人來處理，也不用依個人提出的要求而與員工們討價還價。」

·第五種——愛管閒事者

在公司中，這類型的人會與很多人有關聯，但是他們不會像政客一樣出風頭，顯露自己。愛管閒事者從來都學不會「言多必失」的道理，他們經常習慣性地以「我聽說」這句話來破壞公司的鬥志及部份計畫，雖然他通常並非故意的。

大部份愛管閒事者每天都在公司尋找別人的注意及製造影響。他們知道如何利用消息獲得與人來往的關係。對於愛管閒事者而言，與員工相關或是越具殺傷力的消息就越熱門，而且越具價值。在某些辦公室中，愛管閒事者的行為模式是很固定的，通常是在午餐聚會時傳播他聽來的小道消息。

因為愛管閒事者是如此不顧一切地尋求社會的接受，所以他們的行為可能會因為人際關係的力量而被縮減。

就如當他瞭解到重要的人際關係是依賴人與人之間的互相信任時，他們自然就會停止散佈小道消息。而這種信任可直接透過簡短會議的方式建立。

策略：讓愛管閒事者瞭解，消息過早被洩露或被扭曲時，對人格、專案及計畫所造成之危害的嚴重性；並以管理方式隨時提醒愛管閒事者內心的互信，以及互信對公司商業關係成長的重要性。

商業範例

費城編織廠的一位經理人說：「我們做的是軟帽、毛衣、襪子及領帶編織的生意，每年變動都很大，大百貨公司的購買計畫及國外競爭者對我們影響甚巨，所以常常因為訂單量不穩定，而緊急徵人或是臨時解雇。我們無法給員工任何承諾，所以假如他們有任何關於停工的傳言，我們也無能為力。去年冬天，當我們考慮暫時停工時，有六位員工可能要被暫時解雇的極機密名單，不知為何被洩露出去。追蹤後發現是由影印房的一個員工說出去的。因為他是一位較新進的員工，為了加入老員工的圈子，所以才以這個消息為手段。我請他坐下，然後把事實告訴他。第一，這六位員工在最後不需要被解雇；第二，他所散佈的謠言已經使得這六位員工中的二位接受了競爭廠的工作；第三，我們經理人必須花很多時間，個別安慰鼓勵那些聽到這個謠言的員工。我估計這個流言讓公司在員工流失、重新訓練及其他方面浪費了六萬多元的費用。但我沒有解雇他，現在他已經瞭解，在公司中即使是低層人員，像他在影印室，也必須具有高度的互信感。」問題人物的心理需求，可能超過一個管理者所能掌控的時間資源及個人諮詢能力。所以當事情發生時，請求公司顧問的支援是解決之法，如貝爾大西洋員工協助課程的約翰．羅伯表示，有經過訓練的顧問在身邊，問題人物就會依著主題詳細地談論。

「他們真的想要一個可以重新仔細思考事情的地方。」羅伯說：「他們需要一個組織外的地方。」但是很少公司能提供一個可以加強一對一諮商的支援。舉例來說，就如羅伯他要負責貝爾大西洋八千名員工的諮商，但是羅伯認為經理人及管理指導者仍是第一線防範衝突破壞的人員，所以，他們是「最需要學習如何處理衝突的人，因為這是最具生產力的方法。」

．第六種——脾氣火爆者

這類問題人物在公司的社交聯誼方面屬於中庸派，而在表達能力方面的發展也還不錯，但是天曉得他的脾氣竟是如此之拗，令人不敢領教。

脾氣暴躁者很習慣以發脾氣來威脅操控工作夥伴（有時候是上司），易怒者很早就瞭解，大部份人都會盡可能地避免高情緒性的對抗。即使是那些不怕被怒火燒到的同事，也不會喜歡涉入混亂的大聲爭吵中。於是易怒者就以此為自己建立一個舒適的工作環境，因為別人都離他遠遠地容忍他，儘量避免惹他發火。

如果沒有注意加強心理療法，我們可能很難改變易怒者的情緒心態。但是，我們可以在辦公室中對這種怒氣爆發劃定一條界線，就像我們禁止在上班時間喝酒一樣，讓脾氣暴躁的人瞭解其無法控制的情緒，既對工作關係非常不適當，也不會讓他得到任何特別的待遇。

策略：不要因為害怕易怒者的威脅而讓他們得到任何利益。要讓脾氣暴躁者瞭解在日常工作上什麼是有用的，什麼是無效的。制訂一套長久的方法改變他們的行為。

商業範例

在南加州一家電腦繪圖公司的中級管理幹部提供我們這個案例：「我實在無法

相信，這輛嘎啦作響的汽車，一直到兩年前我負責管理職位後才拿到了潤滑油。我總共管轄二十二個程式設計師及教練，其中二十一個都很親切和善、令人喜愛，只有蘿貝塔不一樣。

每個月她都會有一次因為某些工作問題而陷入歇斯底里、大發雷霆。很顯然她在我到這家公司之前，就已經這樣行之多年了。她因為壞脾氣而為自己創造出一種『空間』。有人想要求她做任何事時一定會先三思，因為她有可能會隨時『爆發』。以前的主管說他很少挑剔她的工作，因為『你知道她可能會怎麼做』。蘿貝塔已經掌控了全辦公室的恐懼。在我當經理人的第一周，就把她叫到辦公室，分派給她三個我知道她不想要的任務，同時對她剛完成的程式指出了一些問題。那個景象真是太美了——她像一座噴泉一樣爆發了。

我聽著她激烈的發言，等她較平靜時，我繼續以相同頻率的聲音，就好像未曾發生過任何事一樣地繼續跟她說。最後她目瞪口呆地離開我的辦公室——而且把交待給她的任務做得非常好。幾個月之後，大概經過了幾次類似的經驗，蘿貝塔終於知道，她的火爆脾氣對我而言就如同打個噴嚏一樣，不具威脅性。我唯一會接受的異議，必須是以理性、有禮貌的方式呈遞。為了自己的未來，她瞭解了，而且自此後我們一起合作得很愉快。」

知名管理專家莫提馬．菲恩伯格在他非常受歡迎的「經營管理信箱」專欄中，就討論了職場中的怒氣所造成的驚嚇。

當家人反應過度時，你可能已經很熟悉如何處理。但是如果員工有類似行為時，你一定會困惑不解，特別是對方如果是你的頂頭上司。「遇到這種情況，」菲恩伯格建議：「首先就讓這股怒氣發洩出來。」當員工在釋放其怒氣時不要打斷它，排出怒氣對他才有好處，同時也可緩和當時的急迫感。「除此之外，」菲恩伯格還說：「你必須表現出你認真聽他訴說。在這些情況下，你只要用心傾聽，即可表現出對他的尊重，這是最佳的表示。」

對於員工的情緒失控，你可以選擇適度反應，或是沒有反應。但是對於員工之間的衝突你就不可以忽視。「我以前認為不要理會員工之間的衝突會比較好，就讓事情自然發展，由員工自行處理他們的問題。」亞特蘭大富林特山坡建設公司的法雷瑟．迪克說：「但最後我發現這個方法行不通。員工通常都不會自己找出解決方法，所以最後只是浪費公司的時間、生產力、有時候還包括優秀的員工。」有許多公司已經在每週工作表中建立了衝突控制的功能機制。喬治亞州的一家服裝製造公司——雪麗．林茵副總經理大衛森說：「我們一直在尋求控制某種衝突的方法，結果真的讓我們找到了。這套系統真的很成功。」他們在大衛森公司任意挑選出五位員工，與人事部主管大衛森或是公司擁有人索．羅伯茲一同出席兩週一次的會議。

在會議之前，公司會先公佈這些被隨機挑選出來的員工名單，如此公司的其他人就可以依據討論大綱先與這些人溝通。大衛森說：「最後我們終於看到成果了。」

．第七種——說謊者

這類問題人物在公司幾乎把自己與別人之間的社交橋樑全部燒光了，而且其信用也幾乎完全掃地。只要是這種人說出來的話，馬上就被那些瞭解其騙人手法的人打了折扣。說謊者可以看著你的眼睛，告訴你一些捏造的謊言，睜著眼睛說瞎話。當你問他今天該交的報告在哪裡時？他會回答你說：「我把唯一的影本給了文字處理部，但是他們把它給弄丟了。」你問他出差到辛辛納提時，是否有去拜訪通用輪胎？「我曾經試過，但是他們資深經理剛好在開會，無法抽身接見。」確定是這樣嗎？說謊者即使做了大部份的錯事，但是當他做對的時候，一定會馬上要求獎賞，因此他們都很努力保持事情表面的完美。可是很悲慘地，這些謊言在被拆穿前通常都已經發生很久了。同事夥伴們即使發現自己被騙，通常也都是暗中自認倒楣發發牢騷，而不會當面拆穿他的謊言。因為他們覺得要讓說謊者講真話實在是很難。

說謊者不可避免地必然會走上自毀前程的路，因為時過境遷後，定會造成公司及個人數不清的危機。原本只為了「辯解」一個午餐約會的遲到或是忘了供貨的白色謊言，最後卻變成非常巨大的謊言，因而造成公司客戶的流失，甚或是訴訟。

實際上，說謊者通常都有失敗恐懼症，而這也是矯正他們的切入點。其實現實社會中大部份商業投資活動都是失敗的，只有少數成功的例子，即使是獲利最豐的公司也是一樣，成交的次數永遠都不及電話銷售撥出的次數多。對於成功的高手，失敗並非丟臉的事，它只是每個人每天必須通過的勇氣及智力測驗。

但是說謊者就是無法接受失敗及缺點。他們把失敗當成是瘟疫，如果承認它，就會威脅到個人的工作生涯、人際關係及自我形象。

為了要解救組織中說謊者的工作生涯，當面拆穿他的謊言是最佳方法，明白地反駁其所言非真，不要讓他們有機會繼續說更多的謊言及辯解，大聲說出他的失敗：「約翰，你並沒有將報告交給文字處理部，你根本就沒有寫報告。」說謊者可能一開始會很生氣地以憤怒威脅，然後再含糊曖昧地強辯：「難道你懷疑我說的話嗎？」此時，你必須再一次明確指出：「約翰，我是懷疑你的話。我不認為你告訴我的是實話。」最後，說謊者會將回答改成較近似實情的說法：「好吧，我以為如果我承認沒有做完報告，你可能會認為我不負責任。」就這樣，說謊者（也許是一個月或是一年才說第一次謊）承認自己對失敗的恐懼，此時是一個理想的時機。假裝你想幫助說謊者，然後提醒他，一次失敗並不需要賠上自己的全部工作生涯：「約翰，你應該來找我，告訴我你無法準時完成這份報告，這樣不是比撒一連串的謊較好嗎？」

策略：嚴肅地正面拆穿說謊者的謊言，然後再把話題轉到如何處理失敗上。在每個人的工作生涯中，雖然我們都不願意，但是偶爾的失敗是在所難免。只要誠實面對失敗，就可以克服它。

商業範例

這是紐約一家大型連鎖百貨公司的案例。「假如你把每天在生意中所說的白色謊言、灰色謊言及黑色謊言都以一個五分錢表示，那麼全部加起來可能就夠還清你的貸款了。說謊是不可原諒的，尤其是一個近乎完美的謊言更令人憤怒。我有一個採購員向臺灣訂購一批涼鞋時，在作業上出了一個很大的差錯。這些到貨不僅已不再流行，而且品質很差，當貨物在春季末到達店裡時，就被堆在一旁。我詢問這個採購員到底是怎麼回事，他突然用一副震驚的表情告訴我，工廠已經換了另一批貨給他了，這些涼鞋都不是他之前訂的。我相信他的話，於是打了通電話去罵這家製造廠，這是一家與我們往來多年的臺灣制造廠。他們否認有出任何錯誤，同時傳給我一份採購員給他們的原始訂單影本，他們確實是依上面指示製作。沒錯，這些確實是我們訂的涼鞋。我對採購員犯錯並不是如此在乎——因為我們每個人都會犯錯——但是我實在無法原諒他說謊。因為他說謊的結果，差一點傷害了我們與一家優良供應商的合作關係，而且讓我變成一個傻子。我與這個採購員針對犯錯時，公司要如何處理做了一次長談。我想他現在已經瞭解，說謊絕對不是一個好方法。」

‧第八種——推卸責任者

就像說謊者一樣，推卸責任者事實上在公司中與其他人的相處亦不甚和樂，甚至比不上說謊者的創意。如果沒有事先瞭解他，那麼推卸責任者可說是一無是處，只要讓他們承擔與其有關的任何報告、行動、責任，推卸責任者都會將這顆球丟給別人——任何一個在此相關範圍中的人。「我沒有收到要寄給瓊斯先生的信，因為我的助理昨天忘了把它打出來了。」當然，這是一個謊言，他根本就沒把信拿給助理打。但是這個謊言特別具危險性，因為它把責任推給了一個無辜的第三者。推卸責任者不僅放棄了所有人格誠實面，而且也不尊重別人的名譽或福利。假如這位助理因為「忘記」打信而遭到無理的責罵，這個推卸責任者還可能因為自己免於受罰而鬆了一口氣呢。

策略：推卸責任是一個陰險狡猾的謊言，所以必須利用對質的技巧才能當場逮住推卸責任者。讓推卸責任者與受責罵的另一方一起到場說明，推卸責任者應該會因此向受責罵者道歉。如果再發生，則對質行動必須重複進行，直到推卸責任者確實認知到推諉責任讓別人背黑鍋的結果才可停止。

商業範例

這是一家運動器材製造商所提供的例子：「開始時就像是一件單純的小事情，結果卻發現是一個主要職員的胡亂行為。公司裡有人將一批八千件的網球拍裝錯柄，而且已送到廠商手中。這件案子的回收成本將會高達美金一萬一仟元，所以當零售商傳回報告時，我馬上叫線上領班去查明究竟是怎麼回事。但他最後卻將責任歸咎於人事部門硬將六名生產線的工人塞給他，而這六名新來的工人訓練不夠，難怪會發生這樣的錯誤。我並沒有讓事情就這樣落幕，相反地，我把人事部的主管叫來，她建議我們一起與這六名工人面談。我很高興我們這樣做了。他們各自單獨報告都說，這些錯誤的柄都是領班自己裝箱送給他們的。結果困擾我的不僅是領班對我說謊，還包括領班為了使自己脫困，竟然說謊言危及其他六個人的工作。當我把領班叫來與他們六人當面對質時，他竟然說他們說謊。在告訴他講實話的重要性之後，我讓這件事結束。他已經知道，未來我將會針對他的推諉責任採取進一步行動。」

·第九種——憤世嫉俗的隱士

這類問題人物在公司已經完全放棄社交接觸的機會，也沒有任何表現的企圖。在辦公室中，憤世嫉俗者會盡可能地保持低調，僅僅只做其份內之事，以一種安靜、陰沈、乖戾的方式行事。憤世嫉俗者相信他們正在為公司償還一些無名的、難堪的罪過。在某些案例中，可能只是一項比賽——也許是在晉升上被拒絕——就把這些憤世嫉俗者推向隱世。

但是這種觸媒通常都沒有出現，可是憤世嫉俗者就是決心要永遠恨工作，恨同事，恨公司。憤世嫉俗者不會選擇離開，而是盡可能地不做工作，或不發表任何意見。

憤世嫉俗者並不是一個在舞會中等待被邀請的壁花，而且他們也不像一般個性內向的員工。假如要求他參加委員會替大家服務，那麼大部份的會議他可能都會忘了出席，即使記得參加會議，他也只是安安靜靜地坐在一旁不發一語。假如經理邀請他一起共用午餐，憤世嫉俗者可能只會說一點點的話，像「是，是的，我喜歡我的公司」、「是的，我喜歡我的同事，每件事都很好」等表面話。

要讓憤世嫉俗者破繭而出，在管理上需要多一些活力及創造力。憤世嫉俗者認為自己是公司的一個問題，藉由消極抵抗做為報復，他們習慣把自己當成一個問題人物，而且對這遊戲的玩法非常瞭解。

策略：身為管理者的難題，就是要讓這些憤世嫉俗者脫離他的遊戲。管理者不可以將憤世嫉俗者視為一個問題案例，問他們：「有什麼問題嗎？」相反地，要轉換他們的角色，改變問題問法：「我碰到了難題，需要你的幫助。」把他們的工作生活重新編寫成一個問題的解決者，而不是問題本身，如此對於重新恢復其有用的特質有很大的幫助。

商業範例

以下是發生在美國聖地牙哥郵局的故事：「很多人都把在郵局工作當成是一則笑話。但是我們所有員工每天都很努力地堅守自己的崗位，而且也為每年不斷進步的系統而感到自豪。然而，這個笑話卻真實發生在一個等待退休的員工身上。很不幸地，這位員工距離退休的年限尚有十三年。他很強烈地表現出對其工作的厭煩，但是礙於這份工作的年資及福利，所以他不能離職。以前我們都會拿他死氣沈沈的工作態度來開玩笑。他卑躬屈膝的表情及消沉的態度，讓每個人都受他影響而感到很無趣。督導一次又一次指派任務給他，但是似乎沒有一件是他感興趣的。他像件家俱一樣一動也不動地坐著，他真的很不快樂。假如我們想在團隊中提升士氣，增進一些活力，那麼其他人就必須不理會他的感受。這個僵局終於因為新督導派給他一個『解決難題老手』的稱號而有了快樂的結局。當我們找他幫忙解決特殊問題時，他真的又重新燃起生機了，而且把每個問題都處理得很完善。我猜他只想要被需要的感覺而已。」

「員工們有時會因為某些原因而變得退縮或隱瞞不說，所以如何引導會議方式比瞭解性格傾向更值得你下功夫研究。」波士頓富論公司的總經理約翰．布雷說。布雷說，有些經理人會在不知不覺中，以壓倒性的強勢方法控制會議的進行。羅伯特．貝爾斯是哈佛大學的心理學教授，他指出，沈默的員工通常自認為其所言根本不會受重視。「你的團隊可能包括了各種不同型態的人格特性，有強勢的、服從的、友善的、或不友善的。能言善道者會找上另一個與其言詞同樣鋒利者相對抗，就宛如一對搏鬥者一般；而你不要期望服從性強的人會堅持其理念，與能言善道者相抗衡。」

‧第十種——真實的朋友

這類型的人也像憤世嫉俗者的社交關係一樣孤僻，通常他們都會與組織中的一兩個人感情很好，可是經常都是單方面的一廂情願。這些被纏上的人，尤其會從真實朋友口中聽到很多超乎他們希望的牢騷，謠言及仇恨。當他們建議這些真實朋友把這些事件向管理單位報告時，所得到的回答往往是對方在嘴唇上用手指打個表示保持沈默的手勢。很顯然地，這個真實朋友期望他的「非自願密友」可以將這些訊息傳送到組織各階層或是公司主管當局。

當然，這是很少發生的。當真實的朋友偷偷摸摸接近人的方法被識破時，被纏上的人通常會很無奈。這個令人沮喪的相遇窘境，可能會導致被選上的人拒絕與真實朋友接近；更常發生的情況是，出於憐憫地忍受他們奇怪的溝通模式。

「真實朋友」對公司的傷害不僅是他們無法表達想法，而更大的損失是他們浪費了其他人員的生產力時間。即使是僅花半個小時來聽這些真實朋友的陳述，也是在偷取公司工作的時間。

要尋回及指正真實朋友活力的目標，必須使用鼓勵的方法，避免懲罰性的手段。假如這些被選上的人想要離開這些真實朋友，則結果對任何人可能都不利，最後真實朋友就會變成另一個憤世嫉俗者。

策略：這些被真實朋友選上的人，應該在尊重他們的意願之下，邀請一個更大的團體來聽取他們的抱怨及牢騷，然後劇情就會像這樣繼續發展下去——真實的朋友接近自己所選定的傾聽者，開始針對公司、計畫或是生活本身的錯誤發表長篇大論。而這次被選上的聽眾要說：「等一下，有其他人應該要聽一聽你說的話。」然後，即使是沒有真實朋友的同意，被指定的聽眾也要馬上抓一些合適的人來擴大聽眾群，一起聽這位真實朋友的秘密。

這個策略的結果非常即時而且很有生產力。真實的朋友會為了更廣大、更沒耐心的聽眾重新編輯他的談話內容。假如真實朋友所提供的訊息中有任何具重要性的，則聽眾們可以說「原來如此」，然後在團隊中安排一份較具價值感的任務給他。在成效方面，當真實朋友認知到自己所說的消息很重要時，就會有更多人想聽他說；但若是瞎扯胡說的話，則所有的聽眾都會遠離他。

商業範例

一家航空公司的副總經理說：「在東岸航空公司，大家都知道工程師卡文．渥斯是一個喜歡孤獨而且容易發怒的資深員工——同時也是公司創立時最早的員工之一。雖然他有很多古怪行徑，但是渥斯確實是航空及水力學方面的專家，尤其在閥門及密封方面更是高手。但就像當代的先知耶利米一樣，他對相同領域的其他工作夥伴都一一搖頭否定。當公司打算針對海軍訓練噴射機發表一項革命性的降落傳動裝置時，卡文．渥斯卻拉了拉在他旁邊被他選定的聽眾琳達．英，以他一貫悲觀的評語說：『記住我的話，這些傳動裝置遇到惡劣氣候時一定會出問題。因為它的水力處理做得不好……』琳達打斷他的發言：『卡文，你必須把這個訊息告訴公司相關人員，他們應該可以想辦法補救。如果你是正確的，他們就應該收回這個產品，直到修正完成後再推出。』但是卡文仍然以他貫有的語氣回答說：『沒有人會聽我的。我告訴妳只是因為我不想讓別人認為我是負責水力學的，知道有問題卻置身事外不告訴任何人。他們最後將會因為不聽我的建議而付出代價。』」當然，這場戲可以有很多結束的方法。卡文有可能是錯的，所以只是浪費了琳達的時間；也可能卡文是對的，那麼他與琳達都會因為沒有把訊息傳達上去而有不同程度的罪惡感；最後，也有可能卡文是對的，而琳達也成功地鼓勵他把這項警訊傳佈出去。

事實上，東岸航空的案例與摩頓．西亞在挑戰者號太空梭上設計的災害核心設備狀況並無不同。當的《六十分鐘》電視節目廣泛報導這項新革新時，有兩名生性孤僻的工程師就曾在太空梭公開發表之前，針對該設備在寒冷氣候下的穩定性提出問題。儘管這兩位工程師對他們的同事提出警告，也以備忘錄形式發給相關同仁，但是這份訊息還是沒有讓最需要聽到的決策者及時收到。

．第十一種──專斷暴虐的組織

就像惡名昭彰的十六世紀英國最高法庭給人的印象一樣，這些員工秘密組織幫派，但其獲得的批評卻比他們的貢獻還多。事實上，這些派系的成員都自認為是

「沈默的少數」，其功能是評判他人的努力，可是結果通常都是專橫地獨斷獨行。

在公司中的專斷暴虐組織大部份都可以很容易就獲得那些相同思想、行為一致而且很少抱怨自己職位的員工們認同。很多公司的決策者都知道，要管理這些妨礙者，最好「不要讓他們失去理智」，這才是避免發生事端的方法。因此，跛腳領導的軟弱決策，最後就導致了專橫暴虐組織力量的強化。就像是一個胖子，被固定在橄欖球賽的前線，這些員工會因為沒有人可以擋住他們而感到驕傲不已。他們依賴著支持的群眾，而不是其工作任務，所以為了追求自己的興趣，就不惜阻撓改變。

策略：要瓦解專橫暴虐組織，可以藉由強迫其成員以公開討論方式，對大家解說他們的判決、反抗及固執緣由，進而消弭他們的力量。而且最好以品管圈或是小組方式進行，其中成員必須包括一小部份的專橫暴虐小組會員，及其他擁護不同理念的人員。沒有他們夥伴沈默的支援，這些專橫暴虐組織的成員就必須以他們個人的語言來說明自己的行為及感覺。最後，他們會發現自己的真實想法對於計畫及過程溝通確實有所貢獻——而且他們的新聲音通常都與暴虐組織成員的想法不一樣。

商業範例

洛杉磯熱帶餐廳的新主人理察·艾倫說：「我購買了一家餐廳，而其原有的服務人員都依然沿用舊有的服務方式。在十個服務人員中，有六位特別自行形成一個專斷暴虐組織，抵制我對於招呼及接待老主顧的新接待方式。例如，我曾針對這個議題召集所有服務人員舉行一次訓練會議。我示範了如何讓顧客感受到特別招待，及如何向顧客推薦葡萄酒。（之前服務人員只是在桌上放一塊標示著「特別」的板子，然後問客戶：「有任何需要嗎？」而已）當訓練課上到一半時，我發現這些專斷暴虐小組的人員開始很明顯地傳送一些肢體語言的抵制暗號，如轉眼睛、不屑的表情、心照不宣地相互對看。就因為這個團體，所以這堂訓練課效果不佳。上班時，除非我正盯著他們，否則他們就繼續以其之前的方法粗率又不專業地招待客人。」

現在理察面臨了一個抉擇的關鍵：是要解雇這群超過半數的服務人員（聽起來很誘人，但並不是好的商業決策）；或是忍受他們的抵制；還是找出可以引導他們超越原來服務方式的方法？於是他求助當地社區大學任教待客管理課程的老師，讓他的服務人員兩人一組到課堂旁聽，與一些對餐館管理有興趣的同學一同上課。老師欣然同意，因為學生們也可以由旁聽生的實際服務經驗中獲得更多的實務經驗。

雖然理察自己並沒有參加這些課程，但是評語很快就傳回他的耳朵。他的服務人員正在超越他們自己，向同班同學說明如何以「正確」又「高雅」的方式推薦及招待餐廳的客人。當學生們到餐廳來觀摩這些高檔服務的實際技巧時，服務人員很快地（而且大部份是不知不覺地）發現自己不僅符合，而且還超越了理察的改善服務標準。所以當服務人員們開始個別實踐其個人的專業觀點時，專斷暴虐小組的關係就結束了。

．第十二種——沈默的烈士

這類問題人物與憤世嫉俗者完全處在相反的社交範圍。就像憤世嫉俗者一樣，沈默的烈士也很少以言語表達。但是在公司中，其肢體語言明白告訴大家他的想法。沈默的烈士一般是不快樂的調職員工、降級主管，或是遭到重新分配的督導員。他們很少提到自己的處境，但是會暗示性地邀請所有人來觀看他們對公司的怒氣。

這些行為可能會以很多形式出現，包括小規模地破壞公司的設備或是常規，明目張膽地違反公司政策，明顯對公司領導的不尊重，以及非常不屑其他員工的動機及努力。沈默的烈士已經決定要減弱其熱情，而且想要盡可能地擴大其聽眾。他們的理由可以從粗糙的報復到微妙的自我主張。沈默的烈士認為其向下沉淪的做法可以向其他同仁揭露職業生涯的陰暗面。「他們將會知道我始終都是正確的。」是其隱含在其中的暗示。

沈默的烈士對公司而言是所有問題人物中最危險的，因為他們已經不再有任何損失了。由於升遷或進階無望，所以沈默的烈士可能會毫無理由地在電腦系統中放入一兩隻病毒、忘了傳達重要的訊息，或是濫用公費及病假。而且沈默烈士也不會依據下列的指導而停止其對公司的不滿。

經理人必須當機立斷地立即採取隔離，並監控沈默烈士，這些不滿現狀者對於其他工人的態度具有類似癌症的擴散影響力。假如無法終止與其的合約，那麼就必須將沈默烈士安置在組織較高階的工作環境中，在此階層對公司較不會產生長期的危害。例如，可以派給沈默烈士人事調查的任務，但是不要給予計畫的功能；或是賦予監控產品的責任，但是不與品質控制有關。

策略：藉由將這些沈默烈士隔離到較高階層職務，小心指派與監控相關的任務給他們，以防範其對公司及工作同仁產生不良的影響。

商業範例

當你知道有一個員工在破壞工廠而你卻無法提出證據時，那真的是一個十分頭痛的問題。達拉威爾油漆工廠的經理說：「雖然我們的工廠已經高度機械化，但是在生產的過程中仍有很多地方可能因為粗心的工人或是故意破壞者而導致大問題，所以工人對流程瞭解更多，其造成的問題可能就變得越大。我們剛剛與一個員工終止合約，大約超過半年以上的時間，因為其錯誤而造成公司損失了價值超過一萬五千元的油漆，這是一個因為評等績效太差而存心向報復公司的典型例子。我們實在無法瞭解流量尺規是如何神秘地設定錯誤，而且計時器在他的工作管轄下會無故關掉。於是我們就為他安排一個新的職位，在那裡我們可以全天侯地監視著他，而且不需要用到他的經歷。在這段期間，公司就不曾再發生被破壞的情況，而且相當幸運的是，最後他決定調到西岸。

國家圖書館出版品預行編目資料

人脈就是你的競爭力／石向前著
－－第一版－－ 台北市：知青頻道出版；
紅螞蟻圖書發行，2011.06
面　　公分－－
ISBN 978-986-6276-87-3(平裝)

1.人際關係 2.職場成功法

177.3　　100010896

人脈就是你的競爭力

作　　者／石向前
美術構成／Chris' office
校　　對／周英嬌、楊安妮、朱慧蒨
發 行 人／賴秀珍
榮譽總監／張錦基
總 編 輯／何南輝
出　　版／知青頻道出版有限公司
發　　行／紅螞蟻圖書有限公司
地　　址／台北市內湖區舊宗路二段121巷28號4F
網　　站／www.e-redant.com
郵撥帳號／1604621-1　紅螞蟻圖書有限公司
電　　話／(02)2795-3656（代表號）
傳　　眞／(02)2795-4100
登 記 證／局版北市業字第796號
港澳總經銷／和平圖書有限公司
地　　址／香港柴灣嘉業街12號百樂門大廈17F
電　　話／(852)2804-6687
法律顧問／許晏賓律師
印 刷 廠／鴻運彩色印刷有限公司
出版日期／2011年 6 月　第一版第一刷

定價 220 元　港幣 73 元

敬請尊重智慧財產權，未經本社同意，請勿翻印，轉載或部分節錄。
如有破損或裝訂錯誤，請寄回本社更換。

ISBN 978-986-6276-87-3　　**Printed in Taiwan**